孩子一學就會的

黃金口才課

青少年演講力導師
吳瓊——著

方舟文化

讓孩子的「天賦」，變成真正的「天才」
父母是最關鍵的賦能者

專家好評

每個生命，都想成為他自己

還給孩子「思考」的自由與「表達」的勇氣

對一個孩子經常挑剔、貶低和打擊，他就會失去信心，變得懦弱，在人群中只想躲藏在安全的地方。給一個孩子勇氣、信任和舞臺，他就會充滿自信、才華和果敢，在人生舞臺上光芒四射。希望你的孩子散發光芒，請一起來閱讀《孩子一學就會的黃金口才課》。

——秋葉　秋葉商學院、秋葉 PPT 創始人

培訓孩子的好口才之所以很難，是因為這個能力需要其他能力的協同才能實現，單純講稿式的練習只能實現單次的演講。吳老師從日常生活中的其他能力入手，把權威理論和真實案例相結合，引導孩子具備完整的素養，通過大量閱讀、詞彙積累、情緒控制、邏輯建立、肢體語言等基礎能力的提升，培養孩子自發性的思考與流暢的表達力。

——鼴鼠的土豆

吳瓊是一個投注極大心思研究「如何讓小朋友愛上演講」的媽媽。在這本書中，作者把她教媽媽們如何培養孩子表達能力的經驗和心得都分享了出來，相信對關注這個主題的父母會有啟發。

——成甲　《好好學習》、《好好思考》作者

從某種意義上來說，一個人的人生高度和影響力的大小，是由他的「表達能力」決定的。與其說它是一種所謂的生存技能，更不如說它是一項征服人生的硬核能力。吳瓊老師的新書給了我們煥然一新的觀點，關於如何培養孩子的好口才，相信你一定會有所收穫。

——小七老師　兒童早期教育專家

還記得那些影響世界的公眾演講嗎？馬丁．路德．金恩《我有一個夢想》雖已百年，但極具感染力的語言，依然叩擊我們的心靈，讓人無法遺忘。馬雲說，今天很殘酷，明天很殘酷，後天很美好，讓我們感受生命不息，努力奔跑。羅永浩說，我不是為了輸贏，我就是認真，讓我們看到一個中年人的頑強。《孩子一學就會的黃金口才課》不僅僅是要教會孩子演講，更是讓他們學會在這個世界，轟轟烈烈，張揚鮮艷的活著。

——Liliane 鄒璐　《親子溝通密碼》作者、高情商溝通專家、海外華商會副會長

毋庸置疑，愈來愈多的父母意識到培養孩子的表達能力非常重要！吳瓊老師這本書，介紹了非常實用、可操作的口才表達培養方法與訓練技巧，以及如何塑造孩子獨特的演說風格。這些內容在吳瓊老師生動細膩、功力深厚的文字下，讓我們父母覺得培養孩子演說力不再是一個難題，相反的，還蘊含了極大的樂趣！

——何小英　兒童時間管理專家、親子暢銷書作者、「清華狀元好習慣」創始人

具備演說力的孩子，未來更有競爭力。吳瓊老師的這本書，從常見的生活場景著手，寫了很多可操作的實用方法、技巧，家長引導孩子好操作、易做到。如果想讓孩子在演說方面更有競爭力，吳瓊老師的這本書是不二選擇。

——魏華　兒童學習力專家、親子暢銷書作者、「清華狀元好習慣」創始人

兒子上小學後，很喜歡跟我分享他新學到的知識。他總是講得眉飛色舞，眼睛裡彷彿有星星在閃爍。每個孩子都是天生的演說家，第一批觀眾就是父母。我們如何成為更好的觀眾，用信任與愛為孩子搭建起最閃亮的舞臺？吳瓊老師這本書會告訴你答案。

——張小桃　《你是孩子的光》作者

推薦序

只當「雞翅」或晉級「鷹翅」？

孩子的優秀需要「有趣的計畫」＋「有愛的教練」

接到吳瓊的電話，希望我幫她的新書寫序，我誠惶誠恐，因為我明白一篇序對於書的意義有多麼重要。

輾轉反側，幾次提筆都不知怎麼開始，因為她和我之間的故事，實在是太多了。

我常常跟學生說，在演講的時候，能把一件事講清楚，讓大家通過一件事去了解一個人，就很了不起了。

我問自己，如果只講一件事，我會講哪一件？

腦海裡一幕幕，像看電影一樣看著我們的過往，看到二〇一八年十二月的時候，我按下了暫停鍵……

當時福建泉州機場雜誌要派記者給我做一期專題報導，並且給了我四頁的黃金版面。要知道這四頁如果是花錢去打廣告的話，都是要人民幣十幾萬的。

我突然冒出一個念頭：如果能讓身邊的好友為我寫一篇報導，這樣我既上了雜誌，同時好友的作品也能一起曝光。

我覺得這是一個機會，能多成就一個人。

就在這個時候，我腦海裡閃過了一個名字——吳瓊。

她立志想成為青年作家，也想成為好的講師。不管是作家還是講師，都需要一些好的曝光機會，來為自己的事業加分。

我跟雜誌主管表示，可否讓我朋友來出一篇專訪文。對方面露難色，他覺得要放在雜誌上的文章是非常嚴格的，並且要寫得非常精采，讓別人寫，多少有點不放心。

結果，我仗著跟對方有多年的交情，對他「胡攪蠻纏」……最後才勉強同意先讓我提供一稿，然後再做定奪。

吳瓊很用心寫完了我的專訪，雜誌主管看完後大呼：「寫得真好，比我們的記者都要好。」

雖說主管的認可我早就能預見，但是真正聽他開口表揚的那一刻，我內心還是很爽的，因為感覺自己推薦的人，不僅沒給自己丟臉，反而讓自己十分有面子。

最後，這篇稿子順利登上了雜誌，當期雜誌印了六萬冊，被分發到各大航空公司的航班上，以及五星級酒店和政府單位。

時光匆匆，一晃兩年過去了，這件事回味起來，依舊覺得當時自己的決定無比正確，而讓這個決定變得正確的核心因素，就是吳瓊的文筆。

生活中，她喊我一聲老師，我深知那是她謙遜的表現。站在我的角度，我更願意以朋友的身分與她相處，並且從她身上學習那份認真寫作的態度。

不管是朋友，還是師生，看到她這兩年的沉澱，我都為她感到由衷的高興。

兩年前，是我一對一給雜誌主管推薦，最後寫的稿子非常成功。兩年後的今天，吳瓊終於要出書了。

我來寫序，其實客觀來講，就是給廣大讀者的一次公開推薦。這次，我不需要對大家胡攪蠻纏，讓大家一定要去買書。因為我已經能預見，大家一定會去買來看，並且看完後，也會像當年那位主管一樣，由衷地說一句：「寫得真好！」

許晉杭　二〇二〇年五月三日

福建晉江

自序 演說力，是決定孩子未來的最大競爭力

我們無法陪伴孩子一生，但我們給予的教育可以

我曾經看過一堂早期教育課程的一個片段，心有餘悸。

孩子四歲的早期教育課上，十幾個孩子圍成一個圓圈，老師讓每個孩子走到圓圈中間，回答一個問題：「你們都喜歡什麼樣的蛋糕？」

孩子A在圓圈中間告訴大家：「草莓口味的。」

孩子B：「我也是草莓口味的。」

孩子C：「草莓口味。」

幾乎每個孩子都一樣，都是喜歡草莓的。哲學家羅素曾經說過：「許多人寧死也不願意思考。」

「愛模仿」是孩子的行為特徵，可是答案全部都驚人的相似，這真的是我們想要的教育嗎？

所有的外在表現都是我們內心的投射，語言是思維的表達。孩子的語言像是一面鏡子，反映了我們的教育方式：我們是否有意識的培養過孩子獨立思考的習慣？是否有意識的培養過孩子公眾演說的能力？

三歲～十三歲：孩子最重要的「語言發展」黃金期

你可能會覺得，等孩子長大了再培養他的演說力，又或者覺得培養孩子的演說力用處不大，孩子沒有太多機會表現自己。

我們先來說說，為什麼要「從小」培養孩子的演說力。三歲到十三歲這個階段特別珍貴，因為只有這段時間，父母對孩子的心智成長能發揮最大的影響力，這個階段也是孩子語言發展的黃金時期。

在這個階段中，在我們提供有愛的安全環境裡，有意識的培養孩子的演說力，孩子會逐漸自發的學習，更有邏輯和創意的表達觀點，也能慢慢找到「自己想成為的樣子」。

你可能認為孩子的演說環境少，但其實只要有三個人在場，孩子的每一次表達都是一次小型演說。當你在看得見的家庭環境中培養孩子的演說力，孩子就會在你眼皮外的學校環境、同伴環境中，因為擅長演說表達，而更受歡迎。

更重要的是，5G 時代的來臨，孩子將有更多的機會、在更多人面前，表達自己的觀點。

如何讓孩子的演說有自己的觀點？如何提升孩子的演說能力？我做親子教育講師已經有十四年之久，這些年和家長們一起成長、分享、學習，也如饑似渴的閱讀和實踐，一次在讀《一歲就上常青藤》時，發現書中這樣一句話讓我印象深刻：「孩子今後在學校的表現，並不取決於早期的閱讀能力，而取決於其詞彙量的多少和豐富性。」

我不斷的反問自己，究竟如何能提高孩子的詞彙量水準呢？如何在敏感期內，給孩子豐富的語言體驗呢？再深一層次說，語言只是表象，「思考方式」才是主導，如何讓孩子能夠獨立思考？獨立思考後，又該如何表達讓別人理解？這一連串的問題，在我腦海中不停的盤旋迴繞，讓我對孩子演說力有了更多的探索。

我圍繞著「口才表達」與「演說能力」，在語言敏感期方面的研究不斷深入，腦海裡的謎團一個個被解開，同時也讓兒子 Mike 從三歲多開始「演說打卡」，從很小就開始培養他的演說力。從小培養孩子的演說力，長此以往不僅我們會省心省力，孩子更會受益終身。

這些感受和體驗成了我寫這本書的初衷之一：是什麼曾經拯救過你，你最好就用它來拯救這個世界。在探索孩子演說力的過程中，我發現自己過去遇到的問題，到今天有很多家長還在不斷經歷著，所以，我希望把關於孩子演說力培養的內容有系統的整理出來，這些認知可能會有偏差，但是我相信，對大家提升孩子的演說力還是會有啟發的。

這本書有什麼「祕密武器」？

本書主要內容分為三大部分：

第一部分是「籌謀催化」：我們將「以終為始」的看待孩子受用一生的演說習慣，找到引爆孩子演說動力的方法，不斷發掘孩子的演說潛能。

第二部分是「戰略計畫」：我們會找到孩子演說力的天賦，從孩子的性格和語言發展黃金期、家庭環境著手，引導孩子有計畫的實踐演說力的訓練，還會介紹父母該如何培養孩子演說的技巧和邏輯。

第三部分是「綜合戰術」：即如何通過多元方式，引導孩子積極在生活中實踐演說，包括培養孩子演說力的信念感。我也會介紹如何通過談話，培養孩子獨立思考的能力。

如何「使用」這本書？

這本書不僅是用來看的，重點是要「用」，而且愈用愈好用。演說力的培養並不是技能的堆疊，而是思考方式的轉變。這種轉變，可能你會在剛運用的時候感覺有些彆扭，甚至覺得講出來的話好像不是自己說的一樣，渾身不自然，這種感覺恰恰是對的，這是培養過程必經的「僵化」階段。

不用擔心，我們都會經歷這樣的階段。隨著不斷的使用，你會感受到「優化」階段的美妙，也會被孩子不經意的語言觸動到，被孩子與眾不同的觀點震撼到，這一切，都是你引導著孩子不斷演練時體驗到的成就感。

當這種學習的樂趣不斷刺激你的時候，你就會更有興致的引導孩子去實踐，最後當良好的演說習慣已經是你和孩子潛意識的一部分，這就是學習中最美好的「固化」階段，不需要刻意的去想，而是已經成為我們語言習慣的一部分，這就是從「有意識」到「無意識」的蛻變。

按順序閱讀，邊讀邊演練

• 先理解孩子，才能贏得孩子

我們總希望孩子聽我們的，按照擬定好的演說力計畫去實踐，可是怎麼做呢？簡・尼爾森在《正面管教》中說：「當孩子覺得你理解他們的觀點時，他們就會受到鼓勵，一旦他們覺得被理解了，就更願意聽取你的觀點，並努力找出解決問題的方法。」

所以這句話的正解就是：你想讓孩子聽你的，你得先理解他。當孩子有挫敗感、演說力的實踐堅持不下去的時候，不著急，我們等等孩子，也等等自己。

遇到問題的時候，希望你再來翻一翻這本書，有意識的去運用，去反思。

• 先小步前進，再融會貫通

以前我們認為：學習是通過系統的訓練來完成，如通過閱讀、參加課程和培訓，讓自己變得更有力量。但是你只要真正理解「為什麼要培養孩子的演說力」，就可以根據自己和孩子的實際情況，來運用這本書的二十八個演說力練習工具，在家裡，在放學後，在聚會中，都可以和孩子小步的來進行。運用的過程，就變成一個自我能力生長和創造的過程。

孩子演說能力的培養不再是一個個孤立的點，而是彼此聯繫，相互交融，在一次次運用後，產生新的啟發和認知。

重視「知識」輸入，也重視「觀點」輸出

•「衝突」是另一種學習時機

從孩子的「語言敏感期」就開始培養思考和表達力，在最好的時期做最適合的事情。孩子進入叛逆期讓你疲憊不堪，但其實這時正是培養孩子自我意識、建立自信的最佳時期，也是孩子在自由和規則中探索的啟蒙時期。

孩子容易退縮、抗拒，你又想要孩子堅持實踐演說力的運用，可能一忍再忍，最終控制不住自己大吼一頓，但其實憤怒也是很好的學習動力，孩子只有體會過難受、委屈、不安、害怕這些負面情緒，才能有同理別人的感受和需求的能力。

•他山之石，可以攻玉

我們的文化當中，很多都是強調「多閱讀、多吸收、多套用」的輸入法；但是在西方文化中，

強調的是「多探索、多發問、多表達」的輸出法。本書借鑒了多元領域的視角，比如閱讀、社交、認知等領域，去滋養孩子演說力的內在素養。如何培養孩子的演說力？未來多角度，答案在風中。

當然，本書也有侷限。雖然我在親子教育中做了十四年時間，但是真正研究孩子演說力的時間是三年。三年的時間我對演說力的研究，是從自己的角度有一些粗淺的理解，可能會有一些不足，也希望廣大讀者在閱讀中不吝賜教。

這本書歷經波折，前後費時近三年時間完成，正是這些努力和付出，讓我看到寫書背後真正的價值：努力寫一本好書，讓它能夠真正帶給讀者理念、方法和力量。如果你能受益，請讓我知道，因為這是我最大的成就。

目錄

KEY 3
營造讓孩子「敢說、愛說、很會說」的演說環境

「導演、夥伴、觀眾」集合！開始有趣的演說打卡

第4節 如何制定「親子演說力」培養計畫

第5節 那些演說路上的攔路虎

KEY 4

故事裡有你我、有鉤子：立即引起共鳴的演說技巧

「炒熱氣氛＋自信UP」加分神器：道具、儀式感、肢體語言

KEY 5

訓練「思辨力」，建立孩子理直氣順的演說邏輯

培養深思、求證的習慣，說出的每句話都有說服力

KEY 6

打不敗、偷不走的氣質與氣勢！大師典範從小開始培養

必學！四大語力素養，塑造孩子獨特的演說風格

現在，大手加小手一起轉動
開啟天賦寶藏的六把鑰匙

KEY 1

放下糖果和教鞭，
用心諦聽那些細瑣、閃亮的小聲音……

以演說力為支點，為孩子的一生賦能

在不確定的時代，我們需要找到未來幾十年後孩子都能受益的能力。
「演說力」無疑是孩子的必備能力，優秀的演說能力，
會讓孩子離他的夢想更近。

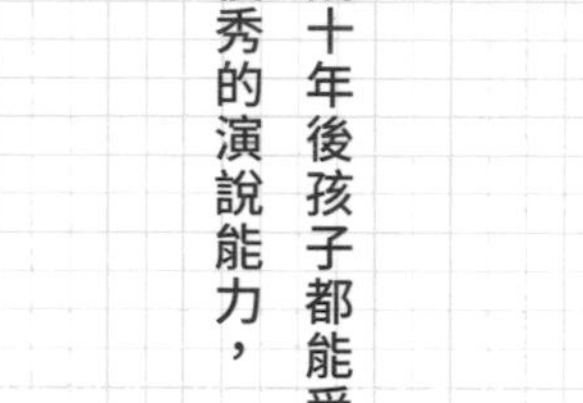

第1節

好的表達力，是孩子未來的通關金卡

你能夠跟多少人達成共鳴，你的領導力就有多大，你的邊界就有多大。

——英國首相　邱吉爾（Winston Churchill）

「媽媽，假如妳有三天光明，我會帶妳在新家裡走一走，讓妳看看我們的新房子。空蕩蕩的房子中只擺了幾件傢俱，因為爸爸不想讓妳走路絆倒。我還會讓妳仔細看看我的樣子，還會把妳帶到我的同學面前，讓他們看一看，我有一個最美麗的媽媽。

第二天，我會帶著妳一起回我們的老家，一起去那個我們充滿回憶的家鄉，看看那座曾經承載著歡聲笑語的院子。即使它現在已經布滿灰塵，但是裡頭有許多阿公留下的回憶。說到阿公，他最牽掛的就是妳，別擔心，我還會帶妳去阿公的墳前看一看。阿公臨走的時候，最惦記的就是妳的眼睛，如果他知道妳的眼睛好了，一定會為妳高興的。

第三天，我會帶妳去任何妳想去的地方，我們會一起去馬爾地夫釣魚，去哈爾濱滑雪，去巴黎時裝週看表演，媽媽我愛妳。」

一個十二歲的男孩站在舞臺上，對著他媽媽說出了這段話，媽媽的眼睛雖然看不見，但是孩子的每一句話都像是走進了媽媽的心裡，媽媽哭了，在場的評審眼睛也濕潤了。孩子質樸又真誠的語言，贏得了全場的掌聲。我們一邊覺得孩子很孝順，演說能力也很強，一邊感歎如果自己家的孩子演說力也能這樣就好了。

其實，每一個孩子都是天生的演說家。生活裡處處都是演說機會，小到上課回答問題、與同學表達不同的意見，大到參加中小學生面試、競選班級幹部，全天候全場景的表達需求，演說力絕對是孩子未來的通關金卡。

每一個孩子，都是天生的演說家

我們不難發現，每一個孩子都是天生的演說家，他們的語言常常會讓你震驚。

有網友說姪女不知為什麼在哭，懶得理她，就坐在一邊回手機簡訊。網友他媽媽走過來說：「孩子哭你聽不到嗎？聊得這麼開心，是不是談戀愛了？」小姪女說：「奶奶，叔叔沒有談戀愛。」他媽媽說道：「小孩子懂什麼？妳怎麼知道叔叔沒有談戀愛？」小姪女說：「看到女孩子哭都不知道哄，不會有對象的。」孩子融會貫通的表達真讓我們叫絕。

童言：世上最純淨動人的語言

有個六歲的男孩，爺爺前段時間去世了，家裡人很傷心，他年紀小不懂這是怎麼一回事。事情過了幾天，傍晚家人帶他出去散步，天空微微亮，剛有幾顆星星，他突然指著一顆特別亮的星星說：「你看，那顆星星是爺爺。」哲學一般的語言，讓我們驚歎孩子的世界就是座正待開發的寶藏。

四歲的小女孩，有一次爸爸罵她，她傷心的說：「要是爸爸不喜歡我了，我就不喜歡爸爸了。要是媽媽不喜歡我了，我就也不喜歡我了，因為媽媽不喜歡我了。」這像繞口令一般的話，簡直就是對媽媽說的情詩。

孩子的童言童語，讓我們感覺他們有時像老師一樣智慧，有時像哲學家一樣深邃。每個孩子都有著新鮮、充滿活力的大腦，即使最普通的事情也能引起他們巨大的興趣，他們的世界裡，總有引人注目的事情在發生，好像不停的在觀察和實驗，也無時無刻不在表達他們的歡樂。

這樣的語言在生活中比比皆是，可是讓我們愁的是：為什麼孩子在家是「話匣子」，出門就害羞了呢？

很多媽媽在上我的家長課時跟我說，孩子上課不敢舉手發言，也不敢參加班級競選。在家又唱又跳，學校有演出卻從來不敢上臺表演。

其實，這就是我們沒重視孩子的演說能力，孩子沒刻意練習的關係。

為何有些孩子就是到處受歡迎？

「演說力」無疑是孩子的必備能力，真正會表達的孩子，一開口就贏了。TED的掌門人克里斯·安德森曾說過：「無論今天公眾演講有多麼重要，未來只會更加重要。」因為在未來，不管孩子從事什麼職業，都需要具備「在公眾場合獨立表達觀點」的能力。

如果孩子是領導者，因為不會演說，那會錯過多少高品質的人脈，浪費多少資源？如果孩子是企業家，因為不會演說，會流失多少投資到公司的資本？如果孩子是職場菁英，因為不會演說，會流失多少客戶，失去多少次成交機會？

為什麼從小就應該培養孩子良好的演說力？因為演說力會影響孩子的一生，學業、事業和家庭都會受影響。培養演說力，就像別人的孩子都在走路，你家孩子坐上了高鐵，人生品質會大相徑庭。

華倫·巴菲特指出：「學會演說，是一項可以持續使用五、六十年的資產。」持續培養孩子的演說力，是我們對孩子最重要的投資。演說力不是一蹴而就的能力，需要我們從小培養孩子扎實的演說基礎，讓演說力成為孩子未來的優勢能力。

有的家長也許會說：「我的確在培養孩子的演說力，可是孩子不是不敢當眾發言，就是別人說什麼他就說什麼，沒有自己的想法，怎麼辦呢？」

別著急，我們先檢視一下自己的培養方式，看看下面這些陷阱你是否也中招了：

培養好口才，這些「坑」你踩了嗎？

坑一：強調吸收，忽略輸出

長期以來，我們的教育方式多為「灌輸式」教學，側重基礎知識和基本技能的訓練，最簡單粗暴的就是背、背、背。上課的時候大多數老師自己在臺上講，孩子們在底下聽。孩子如果要提出問題，也要等到課後找老師私下提問。如果當堂提問，孩子會被認為打斷教學進度和節奏，老師甚至會覺得孩子很沒禮貌。可是一到下課，孩子總想放鬆一下，哪裡還記得曾經的問題。

長此以往，孩子習慣去聽別人的觀點，記筆記去吸收，很難找到合適的語言來準確表達自己。更重要的是，孩子未來會人云亦云，很少有自己的想法，也很難捍衛自己的思想。他們從小習慣聽，不習慣說，長大了他們也不敢說。

「無論怎麼鼓勵，他們就是不說話。」哥倫比亞大學教育學教授林曉東，曾採訪美國頂尖大學的三十五位教授，幾乎所有教授對中國學生的印象，都是這麼一句話。

坑二：強調「聽媽媽的話」，忽視孩子自己的想法

心理學家羅傑斯曾說：「愛是深深的理解和接納。」我們都說愛孩子，可是要實際做到這一

點，太不容易了。一旦孩子有攻擊力，或者和你意見不一致時，你會有挫敗感，就會想辦法要讓他聽話，也就導致了在孩子「聽話」的時候積極表揚，在孩子「不聽話」的時候去打擊批評他。

「不」，真的是最美的內在語言了，因為它代表著自我意志，代表著內心最真實的自己。當一個孩子說出這個字的時候，就相當於和我們之間劃了一道界限，告訴我們：我「不」想按照你的意願來，在我自己的事情上，我想自己說了算。

比起頭腦，身體更靠近我們的靈魂，頭腦可以被灌輸，或者被矇騙，但身體很難不忠於自己。如果我們讓孩子只一味背故事、背臺詞，當他真正面對大眾表達的時候，就會特別容易緊張，也不願意上臺。孩子會在頭腦層面去接受灌輸，但在身體層面說「不」。

有一部電影，講一個美國舞蹈學院的女孩，即將參加畢業演出，而這將決定她未來的去向。她從九歲起就聽媽媽的話，按照媽媽的意志去跳舞。這個女孩一直按照媽媽的意志而活，但真到了要比賽時，她發現自己的身體並不願意上臺，於是在畢業演出前，本來被定為女主角的她，卻主動退出了比賽。在媽媽質問她時，女孩說：「媽媽，妳沒有跳舞的腿，而我沒有跳舞的心。」

聽到孩子這樣的回答，我們也不斷的反省自己，有多少次是聽孩子自己的想法呢？心理學家武志紅曾說：「每個生命都想成為自己，當不能用成長的方式時，就乾脆使用毀滅的方式來表達這份意志。」所以受壓迫時，孩子擔心、沒自信，也不願意在公眾場合表達自己的觀點。

我們希望孩子聽話，卻很少對他們說：「做你自己。」一個頭腦裡都是父母聲音的孩子，很難有自己的想法，更別提在身體層面去表達。

這些「坑」，我們隨時都可能掉進去。但如果你能爬出來，就是清除了自己思想上的詭雷。資深媒體人羅振宇曾說：「把和我們主觀世界不一致的東西，放到自己的身體裡自我破碎，然後重建自我。這個過程，就叫成長。」

只有我們不斷學習、自我成長，才能助力孩子演說力的培養。這些學習和智慧，無法僅僅通過自己的經驗積累完成——孩子三歲時妳沒有重視培養演說力，到他六歲時，妳不會自動變成能培養優秀演說力的媽媽。孩子四歲時，若妳是個焦慮的媽媽，到他十歲時，妳只能是個更焦慮的媽媽。

不好的東西，如果不去改變，只會隨著經驗的積累愈加不好；好的東西，不去學習，也不會突然變成自己的能力。所以，不要只給孩子上口才培訓班、主持人班、表演班，首先應該學習並且改變的，是我們自己。

父母做對三件事，就能養成小小演說家

有一個非常重要的問題，就是演說力無法直接教給孩子，必須在「不斷的演練」中才能積累起來。它不是一個公式或者一個概念，而是一種能力，必須通過：愛的滋養、豐厚的底蘊、正確的方法、重複的練習、及時的回饋，才能完善掌握。

如何培養呢？我們來分享一些有智慧的父母都是怎麼做的：

第一：讓孩子帶上「夢想的力量」去演說

十一歲男孩杜兆澤川，曾在《超級演說家》現場神采飛揚的說自己的夢想：上哈佛、成為賽車手、成為汽車設計師，終極理想是成為一名像歐巴馬那樣的人物。

這個一上臺就飛奔著張開雙臂擁抱全場的男孩，在演講的一開始肯定而自信的說，在他五歲時就堅定了成為未來領袖的夢想，他想成為像歐巴馬一樣的人物。四歲時他開始學英語，並每年在嘉峪關長城上，給世界各地的遊客做翻譯、做導遊，他說自己的夢想，也受到做翻譯而結識的好萊塢電影公司總裁克利斯帝．內比的鼓勵，他說：「是的，你可以的。」

這個夢想的力量，激勵著他不斷努力，十一歲他站上了《超級演說家》舞臺，用超凡的演講力，讓三百萬家長看到了他的光芒。

如果我們的孩子說想當總統，很多家長會直接說：「做什麼白日夢呀」、「你能當總統，那我就能上月球了」，可是杜兆澤川的媽媽趙菊英聽到孩子的夢想時，覺得特別珍貴。

「我的理想是上哈佛，我的夢想是當總統，我要成為哈佛大學的第五十一位億萬富翁，我要為我的理想而努力，為我的夢想而拚搏，努力努力再努力，加油加油再加油，理想一定會實現，夢想一定不會太遠！」

趙菊英說，這是孩子的原話，為了尊重孩子，她把它記錄了下來。她不想用成人的眼光來看待這些，七歲的孩子能說出這樣的話，當父母的要珍藏。

第二：「媽媽的榜樣」勝過一千句道理

我有個朋友加入了一千天演講打卡，每天發一段三到五分鐘的視頻，和五百字的文章給她的演講老師。每天她的孩子就看著媽媽對著鏡頭說：「大家好，我是╳╳，今天是二〇二〇年╳月╳日，也是我演講視頻挑戰的第╳天。」

媽媽每天這樣堅持著，就這樣過了一個月，她的兒子王子突然對媽媽說：「媽媽，我也想演講。」媽媽很意外，說：「好啊，但是我們先要堅持一百天哦，如果你能堅持一百天，我們就可以到街上去，你可以點任何你想買的零食，媽媽都買給你。」

五歲的王子一開始覺得好奇新鮮，就開始演說，通常在視頻裡會講一個小故事。媽媽看到孩子樂在講故事，就帶動身邊朋友一起打卡，形成小朋友演講打卡的圈子，每天幾個小朋友都在裡面打卡。孩子們有了群組小舞臺，再加上媽媽們對每個孩子的點評，因此更為積極主動的練習。

為了進一步激發孩子演說打卡的樂趣，王子媽媽開始給孩子各種裝扮，比如講《三國演義》，就讓孩子穿上諸葛亮的服裝，邊搧扇子邊演說，還真有模有樣。每天就像玩遊戲一樣，媽媽演說結束後，就輪到王子演說。

不知不覺就形成了習慣。

第三：每個「小名嘴」，沒有一個不讀書的

查理・蒙格曾說：「我這輩子遇到的聰明人，沒有不每天閱讀的——沒有，一個都沒有。」每一個演說出色的孩子，也沒有一個不愛閱讀的。

二十一世紀盃全國少兒英語大會上，五歲的 Livy 操著一口流利的英語，裝扮成聖誕老人的樣子，在台上邊說邊比畫著，向大家介紹聖誕老人。記者採訪媽媽：「為什麼孩子演說這麼優秀？」媽媽說：「我們從四歲開始就在家裡讀故事，每天都讀英文原版繪本。」

媽媽每天都和 Livy 講故事，孩子從聽故事到講故事的過程，也是厚積薄發的過程。Livy 的媽媽說：「沒有什麼訣竅，就是多練。」

華裔女孩鄒奇奇四歲就開始練習寫作，八歲出書，十三歲就成為全美演講家，在 TED 演講高呼「大人應該向孩子學習」。十四歲，她登上了霍金、克林頓、比爾・蓋茲都去過的世界菁英舞臺演講。

鄒奇奇的人生才剛剛開始，就已經活成了一個傳奇。兩歲時，媽媽就給她和姐姐講中文故事，三歲時她借助中文拼音，在媽媽的引導下讀中文書，奇奇的書單包括《西遊記》、《三國演義》、《中國古代史》等涉及中國歷史文化的作品。

奇奇熱愛閱讀和寫作，是從亂塗亂畫開始的，每次奇奇畫一幅畫，媽媽鄒燦就鼓勵她在畫上寫幾個字，畫得多了，寫得也就多了。寫多了，就開始引導奇奇寫句子、寫故事，慢慢引導她對閱讀和寫作的興趣。

教育作家尹建莉曾寫道：「一個從閱讀中經歷了古今中外各種社會生活、經歷了漫長歷史發展、傾聽了眾多智慧語言、分享了無數思考成果的孩子，不僅在思想上更成熟，在價值觀上也更完善。」

「閱讀」和「語言表達能力」是相輔相成的，我們每一個孩子也可以和她一樣，從閱讀開始，尋找屬於自己的熱愛。我們無法陪伴孩子一生，但是他讀過的書可以，我們給予的教育可以。喜歡閱讀的孩子，逐漸習慣這些來自他人的偉大視角，如此一本本積累，終將獲得內心的極大豐富。

所以，每個驚艷眾人的孩子，都離不開父母的承載和托舉。培養孩子的演說力，從來不是讓孩子學習點石成金的演說技巧，而是靠智慧父母們春風化雨、潤物細無聲的親子時光。

練習工具

微夢想清單

列出有趣新嘗試，一起挑戰頭腦風暴

我們該如何開始呢？

對孩子來說，做「喜歡的事情」就會有無限的熱情，甚至會感受到心流。比起當科學家、當企業家這些遠大的夢想，我們其實可以走進孩子的世界，問問他們想做什麼。從「最想做的事情」開始，找到自己的熱愛。

因為當孩子感覺好的時候，才會做得更好。讓孩子做喜歡的事情，引導孩子把「細節」和「感覺」說出來，孩子的演說就會把大腦中愉快的情景記憶聯繫起來，慢慢就會喜歡演說的感覺。

孩子會喜歡做哪些事情呢？我們來看看英國孩子十二歲時想要完成的五十件事，就會發現孩子想做的事真的很簡單。

比如爬一棵樹，從很高的山上滾下來，在野外睡帳篷，用木棍搭幾個窩，用石頭打水漂，學會如何在小河上建堤壩，在地質公園尋找化石，用漁網來撈魚，用小花編項鍊，找蝌蚪等等。

如何合理的制定微夢想清單，引導孩子找到演說打卡的方向？

第一：「多元化」微夢想清單

和孩子一起腦力激盪，列出近一個月孩子想做的一些新嘗試。

Mike 三月分多元化微夢想清單	
序號	事情
1	去河邊抓小魚
2	
3	
4	
5	
6	
7	

展開具體行動，每天做一個或者是一個以上夢想清單上的事情。有的事情完成得較快，有的事情可能需要好幾天，注意清單執行過程中要有彈性，在實踐過程中多關注孩子的感覺，鼓勵孩子多多嘗試。

讓孩子拿起小話筒，每天晚上給孩子錄製一個三到五分鐘的小影片，讓孩子說說今天完成的微夢想事件。剛開始可以隨意說說，先形成孩子的「演說習慣」，形成習慣後，慢慢引導孩子注意「演說的技巧」。

第二：「主題式」微夢想清單

在多元化的微夢想清單進行一段時間後，每三個月還可以訂定一個微夢想清單主題，讓孩子自己來選擇。如果孩子喜歡出去玩，想想如何結合場景來做演說。如果孩子選擇畫畫，就豐富畫畫的形式和內容，可以通過外出郊遊畫畫，也可以編故事的形式，彈性的完成微夢想清單。

主題式清單是為了引導孩子深入了解自己的愛好，找到喜歡探索的領域，可以有計畫的引領孩子「定向打卡」，如孩子喜歡汽車，就引導孩子列一個關於汽車的微夢想清單。

Mike 汽車王國的微夢想清單	
序號	事情
1	搭建一輛消防車
2	
3	
4	
5	
6	
7	

第三：收集素材，為夢想加上翅膀

為了讓孩子的微夢想清單更豐富，我們需要引導孩子及時去搜集素材：

方法一：讀書。看繪本或看書的時候，遇到有意思的句子和事情，想想和清單有什麼關聯，如何去運用？

方法二：看卡通。通過看卡通，模仿卡通裡的聲音或者是情節。如果想嘗試一下，可以放到微夢想清單裡。

方法三：朋友交流。每週或是每個月帶孩子去認識不同的朋友，談談孩子從朋友的故事當中學到了什麼，想做些什麼，放到清單裡。

方法四：參加活動。定期帶孩子參加一些「場景式的活動」，比如說，參加職業場景的活動，做蛋糕、參加車展、科技展，去博物館、植物園、動物園。遇到哪些有意思的故事，自己想做哪些事情，都放到清單裡。

我們要做到的是：每天堅持為孩子演說影片打卡。絕大多

項目	Mike 微夢想清單素材
讀書	像湯瑪士小火車一樣去旅行
動畫片	學會像超級飛俠一樣寄禮物
朋友交流	想要一副墨鏡
參訪活動	想去溪邊釣魚

數孩子都是對某件事堅持了一段時間、深入的投入之後，熱情和興趣才會愈來愈強烈。凡事淺嘗輒止，到處「種草」，「真愛」是不會發生的。

換句話說，愛與堅持是相互促進的。愈堅持，愈熱愛。沒有最初的喜愛，也不會有之後的堅持。若沒有持續的投入，就不會有更深的熱愛。培養孩子的演說力，讓堅持和熱愛伴隨孩子的一生。

第2節

用「黃金思維圈」來思考，啟動孩子的演說內驅力

古老的篝火已經孕育出新的火種，在心與心之間傳播，在螢幕與螢幕之間傳播。點燃思想的時代已經來臨！

——《連線》雜誌（Wired）前主編 克里斯·安德森（Chris Anderson）

很多時候，為了讓孩子演說打卡或提升演說的品質，父母會用很多方法，比如鼓勵表揚，或是承諾給孩子買零食、買心愛的玩具，用來鼓勵孩子的堅持。

這些方法用兩個字總結，就是「操縱」——我們用這種方式引誘孩子採取行動。這種方式不是不行，但是它會讓孩子忽視演說的真正價值。孩子看似在練習演說，並不代表孩子從內心自發的想要演說，這是兩回事。

別急著培養，先從「為什麼」開始

立立的媽媽在孩子演說群組裡分享他們的經驗：「記得立立上幼稚園的時候，學習演講小主持，因為我深知表達的重要性，沒有經過他的同意，就給他報了演說主持班，但是沒過多久，他就不願意去了。當然，那個時候也許是我自己工作比較忙，所以疏忽了，沒有引導和陪伴他，導致他在課堂跟不上，也失去了興趣。後來我也理智地放下了。」

堅定好自己，也給孩子一點時間

參加一千天演說打卡的這段時間，我們母子倆經歷了很多的情緒和掙扎。先是非常痛苦，不知道如何開始；然後很糾結，害怕立立堅持不下去，堅持了一段時間後，又感覺到開心快樂。

記得第一天打卡，沒有什麼經驗，讓立立讀了一首詩就發到群組裡了。一段影片我要拍好幾遍，立立也很不耐煩，我記得在第三天的時候，我們是從下午兩點多開始拍攝的，一直拍到晚上差不多九點半，影片在晚上十點多才發到群組裡面。

那天下午，我特別痛苦和糾結，因為我覺得孩子不耐煩，他肯定會堅持不下去的，我非常糾結要不要堅持，才第三天而已，孩子就開始不耐煩了，我和孩子抱頭痛哭，但我還是沒有放棄。

我們不斷磨合，不斷找方法。立立特別不喜歡繞口令，我就和孩子聊，建議他講故事，可以在群組裡給大家分享一些故事。慢慢的，立立也找到了自己的定位。習慣的培養，我覺得貴在堅持，這一點太重要了。

一週之後，我們把痛苦轉換為行動。他開始主動和自願去打卡。每到晚上八點鐘的時候，他就會把手機放在桌子上，開始叫：「媽媽，我們開始打卡啦。」

立立媽媽堅持陪伴孩子演說打卡，從痛苦糾結到後來終於感受到堅持的快樂。但如果在一開始，我們就引導孩子思考我們「為什麼」要演說打卡，孩子在演說上就會更有主動性。

我們想像一下一個七歲男孩，如果媽媽說：「我們今天要開始演說打卡，演說會讓你特別會講話，變得很厲害，會有更多同學和老師喜歡你。如果你能堅持演說打卡，堅持二十一天，媽媽就帶你去買你喜歡的汽車模型。」

很多媽媽會採取類似的方式，但如果妳這樣說：「媽媽不斷學習，是為了活出更精采的生活，所以白天上班，晚上看書學習，在這個過程中慢慢發現『鍛鍊演說』能夠讓語言表達更清楚，也更容易和別人溝通。所以媽媽天天練習演說打卡。你願意和媽媽一起演說打卡，變成更優秀的自己嗎？」

兩種方式，似乎都是要讓孩子去演說，但是傳達給孩子的感受卻完全不一樣，為什麼呢？

因為對孩子來說，最重要的不是演說能力，而是演說的信念。演說的信念，是我們傳遞「讓自己不斷變得更優秀」的信念，會吸引孩子和你一起努力向上，積極成長。

第一種我們用「操縱」的方式，會讓你害怕孩子不受控制、不能堅持，但也會讓你心動，因為畢竟容易執行——靠外在的條件來誘惑孩子效果快。第二種說法的方式，則是運用了「黃金圈法則」，探索事情的本質，分享自己的內在感受，吸引孩子相同的內在感受。用黃金圈法則來思考，孩子能夠建立「真正的影響力」，這就是為什麼我推薦使用這種方法來思考演說的原因。

黃金思維圈：一種認識世界的根本方法

黃金圈法則，其實是我們認識這個世界的方法。我們思考和認識問題可以從外到內畫成三個圈：最外面的圈是What，也就是「做什麼」，指的是事情的表象；中間的圈是How，也就是「怎麼做」，是實現目標的途徑；最裡面的圈是Why，也是「為什麼做」這件事。

絕大多數家長思考、行動和交流的方式，都是從最外面的What圈，也就是從「做什麼」開始。比如我們想到培養孩子的演說力，就開始設立目標，第一天讓孩子講故事，第二天讓孩子念一首詩，等等。

但是黃金圈法則對我們提出了不同的順序，它告訴我們思考問題要「從內向外」，而不要從外向內，也就是說第一步是思考Why，為什麼：你為什麼要培養孩子演說力？從而引導孩子思考為什麼要演說，懷著什麼樣的信念。絕大多數人做事情的時候，從來沒有清晰明確的問過自己為什麼，而只是在執行別人給我們的任務。所以，我們培養孩子的演說力，孩子也只是執行任務而已，並沒有發自內心的想清楚為什麼要演說。

正如查理・蒙格曾經說的：「不斷問自己一個又一個為什麼，你就能更清楚的思考問題」。這就是父母為什麼一定要先問自己「為什麼要培養孩子演說力」的原因，而不是覺得因為別人開始培養了，或是學校有要求，就跟著一起來培養。

只有想明白了最內圈的Why（為什麼），第二步才是思考中間層的How（怎麼做）。How這個圈，就是要梳理你如何實現目標，要用什麼方式落實你的理念、價值觀。

比如你的價值觀，是希望孩子通過演說，具有獨立思考的能力，那就要去梳理出實現獨立思考的路徑。再比如，你的價值觀是希望孩子表達清晰，你可能梳理出來的實現方式就是：在孩子的演說邏輯上下功夫。在How（怎麼做）的層面，就是要找到實現目標和理念的方法。

黃金圈最外面的圈是What（做什麼）。如果我們想清楚Why（為什麼）和How（怎麼做），那What（做什麼）就是水到渠成的結果了。所以，想真正培養孩子的演說力，需要我們從內向外思考：先想Why（為什麼），再到How（怎麼做），最後是What（做什麼）。

務必改變我們絕大多時候，直接在What（做什麼）層面做思考的錯誤習慣。

抓住Why的本質，玩轉How的創意

我們具體該怎麼做呢？如果我們希望孩子的演說力在眾多人中脫穎而出，我們就要看清楚培養孩子演說力的本質，從培養問「為什麼」的習慣開始。

因為當我們停留在How（怎麼做）或What（做什麼）的層面找答案的時候，答案就永遠不會創新。只有在Why（為什麼）層面，去思考如何培養的時候，才會有很多創新的想法。

當群組裡聊到為什麼要培養孩子演說力時，有的媽媽說：「希望孩子能夠更自信」，有的媽媽說：「希望對孩子的社交有幫助」，有的媽媽說：「演說可以讓孩子以後更有影響力」。

這些是你真實的需求嗎？了解為什麼需要培養演說力的一個重要方法，就是要問一問我們內心裡的「為什麼」，連續追問五次「為什麼」，一直挖掘到我們最深層次的感受，再以此為基礎進行分析，接著來設計引導思考的方法。

比如我們詢問一位剛接孩子放學的媽媽：

問：「為什麼要孩子學習演說？」

媽媽：「因為希望孩子通過演說，更有影響力。」

問：「為什麼希望孩子有影響力？」

媽媽：「因為有影響力就更容易做成事情，達成他的目標。」

問：「為什麼希望他能達成他的目標？」

媽媽：「因為達成目標之後他就會有很多的動力、價值感和自信。」

問：「為什麼希望他有動力、價值感和自信？」

媽媽：「因為他這一生就會活得很充實、有成就感。」

問：「為什麼希望孩子一生活得很充實、有成就感？」

媽媽：「因為這是一個人來到世界的使命。」

你看，我們很多想不清楚的問題，通過問五個為什麼，一下子就找到了，培養孩子演說力的答案，你也可以試試問自己五個為什麼。當我們找到內心的真實需求，培養演說力的目的，原來是希望孩子能感受到來到這個世界的使命，從這個角度，我們就會有很多創意。

這個時候，我們就不會再停留於讓孩子只是讀讀故事、背背詩這樣簡單的需求了，我們會想豐富孩子生命的體驗，在感受到生命的遼闊的同時，也能幫助孩子找到自己內心的聲音。

如何通過豐富孩子生命的體驗，豐富他演說的素材，開拓視野呢？其實，無外乎就是「讀書」和「旅行」。關於讀書，後面的篇章會提到，現在來分享讓孩子從演說角度，玩轉旅行的打開方式。

我們經常帶孩子去的一個地方就是動物園。動物園動物太多了，如果我們走馬看花的一個個看下來，其實孩子的體驗不是很多。怎麼玩最能激發孩子的創意演說呢？

從動物種類開始，讓孩子從熟悉的動物到不熟悉的動物漸進式的觀眾。比如第一次看陸生動物，第二次看水生動物，第三次看兩棲動物。這樣歸類的方式，有助於孩子去比較不同種類動物的生活方式和行為方式，從而感受到大自然生物的豐富與美妙。

具體可以怎麼做呢？我們分成三步走：

旅行前：準備素材魔法箱

在每次去動物園之前，針對要看哪一類別的動物，可以讓孩子先閱讀相關的動物繪本、動物電影，來激發孩子對探索動物的興趣。

比如說孩子喜歡看猴子，我們可以根據孩子的年齡，閱讀有關猴子的繪本和書籍。小一點的孩子可以看《晚安，猩猩》、《大猩猩》、《大猩猩的麵包店》。

大一點的孩子可以看《大猩猩的手有這麼大》、《和導盲猩猩一起去一起探險》、《走進神奇的動物世界》、《神奇樹屋》、《我家是動物園》、《我的野生動物朋友》、《動物每天都在做什麼？》。

或者是看有關猴子的電影和卡通《西遊記》、《猴子撈月》、《淘氣的金絲猴》。

在觀看的時候，可以讓孩子去複述看過的故事，然後說一說自己的感受。比如：「你喜歡故事裡的小猴子嗎？為什麼？」、「為什麼小猴子想去撈月亮？」

多提一些問題，讓孩子帶著問題，和猴子親密互動。

旅行中：參加動物故事會

觀察猴子的時候，可以問問孩子：「猴子在幹什麼？」

孩子會說：「一隻大猴子在追一隻小猴子。」

你可以說：「今天是猴子王國一個很重要的日子。」

孩子可能接著說：「今天我們會看見猴子國王。」

你可以繼續說：「你看哪隻小猴子最像猴子國王？」

就這樣你一句我一句，我們一起和孩子編一個猴子的故事，當時猴子吃什麼，在玩什麼，在看什麼，怎麼和遊客互動的，都可以變成故事的內容。

你可能會說：「我的孩子沒有那麼多的想像力。」所以，你要來引導故事的走向，孩子可以做一些簡單的回答。

比如你說：「今天是猴子王國王子過生日，你覺得今天牠會得到什麼禮物呢？」

孩子可能會說：「香蕉。」

你接下去：「這個香蕉會是誰給的呢？是爸爸媽媽，還是牠的好朋友？」

孩子可能會說：「是牠的好朋友。」

你繼續：「這個王子今天會感覺怎麼樣呢？」

孩子會說：「感覺很開心。」

我們每提問一句，都在引導故事的走向，是不是很有趣？當我們和孩子一起編完故事的時候，我們就可以拿出隨身攜帶的話筒，讓孩子自己在猴子樂園旁邊來講一講猴子的故事。

回家後：動物的自我介紹

每次我們在動物園都可以扮演動物的角色，重新介紹自己。比如說：「大家好，我是小猴子，我有長長的尾巴和靈巧的雙手，我最喜歡的事情，就是用我的尾巴盪鞦韆。」

對於年齡大一點的孩子，我們可以問稍微複雜的問題，比如說：「與猴子相關的詩，你知道嗎？」、「猴子最喜歡生活在哪裡？」、「猴子的壽命有多久？」、「猴子喜歡吃的食物，還有哪些動物也喜歡吃？」這就是引導孩子，從動物的生長環境、歷史和食物的關係來探索動物了。

每次孩子演說的時候，我們都可以給孩子錄製影片，這些影片收集起來，孩子就有自己的「動物世界」了。

練習工具　五個為什麼

挖！挖！挖！發現你的火種源

如果你著眼於怎麼樣提高孩子的演說力，遇到挫折或者孩子不願意的時候，最先放棄的可能不是孩子，而是你。

當我們不從表面去思考問題，而是不斷問自己：「為什麼要提高孩子的演說力」，就是從心的層面去激發我們的潛能，讓我們相信自己可以培養孩子成為優秀的演說家。

連續追問五個為什麼，一直挖掘到我們最深層的感受，就像前述提到的那五個連續追問「為什麼」

五個為什麼

1. 為什麼要培養孩子的演說力
   因為 (A)
2. 為什麼 (A)
   因為 (B)
3. 為什麼 (B)
   因為 (C)
4. 為什麼 (C)
   因為 (D)
5. 為什麼 (D)
   因為 (E)

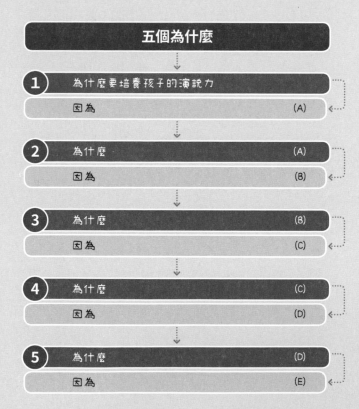

的例子。

使用「五個為什麼」這種工具連續追問，就能發現問題的本質。到最後你會發現：答案E才是你培養孩子演說力的核心原因。一起來試試吧！

第3節

發現「內向孩子」的演說優勢

因為內向者注重深度甚於廣度，並且擅長傾聽，這類孩子可以在傾聽優勢的基礎上展開談話，了解到別人真正的興趣。

——《幹掉獅群的小綿羊：內向工作人的沉靜競爭力》（The Introverted Leader）珍妮芙・凱威樂（Jennifer B. Kahnweiler）

被低估和誤解的沉默天才

網站上有人說自己童年的陰影之一，就是每次客人來都要被問說：「這孩子怎麼這麼不愛說話？」於是默默的被家裡人定義成「內向的孩子」。

「話少的孩子」並沒有做錯事

一位網友說起小時候的一些片段，說她參加大人們的聚會總是吵吵鬧鬧，好不容易等到要回家了，爸爸媽媽為了讓她表現得有禮貌，要她跟每一位大人都要說再見，於是大家滿臉笑意的看著沒幾歲大的她，站在門口跟大人們一個一個說再見：「爺爺再見，奶奶再見，姑姑再見，姑爹再見，叔叔再見，嬸嬸再見……」直到所有人被她再見完，才能離開。

大家都誇她有禮貌，可是當時，她煎熬得恨不得早一點說完，趕快拔腿就跑。天底下不知道有多少個內向的孩子像她一樣，被父母期望更外向一點，更活潑一點。

「你太內向了，要多出去跟不同的人接觸。」

「你要積極發言，老師才喜歡你。」

「你看你，從小就這麼內向，長大怎麼辦？」

這些聲音讓內向的孩子無所適從，他們不愛說話，不太喜歡展示自己，思考時間比較長，尤其是在崇尚影響力、自信和個性的社會中，他們總會感到壓力，感到被人忽視。內向真的是一件壞事嗎？當然不是。

換個角度，看見強大「溫柔力」

內向者領導力的思想領袖——珍妮芙·凱威樂，她在《幹掉獅群的小綿羊：內向工作人的沉靜競爭力》中提到：「內向不同於害羞。害羞是害怕和社交焦慮造成的。儘管二者有些類似的表現（比如說回避公眾演講）。內向是一種偏好，不應該被看成是個問題。」

其實，內向的孩子就像一個充電電池，他們的精力分配平穩，會自己不斷充電，補充精力。他們的精力來源於自身內部，比如坐下來獨自看書思考、玩玩具。外向的孩子則需要不斷從外部環境獲得能量，比如跟人交往、出去玩或者運動，他們需要四處活動才能保持精力充沛，就像太陽能電池板，只要有外面的陽光照耀就能充滿能量。

七〇％的成功者是內向性格

凱威樂認為：內向的孩子其實藏著一股值得好好利用的力量，比如注重深度、清晰準確的表達、習慣孤獨等。

據調查顯示：成功人士中，內向者所占的比例大大高於性格外向者，世界上百分之七十以上的成功者，其實多數是性格內向的人。所以，孩子的性格內向不應視為缺點，我們轉換角度，會發現內向性格裡暗藏著許多潛在的能量。

那些觀察入微，並能做出及時回饋的內向孩子往往令人難忘，如果從小加以鼓勵和肯定，一定可以更加發揮孩子的演說優勢。《幹掉獅群的小綿羊：內向工作人的沉靜競爭力》書中提到：「因為內向者注重深度甚於廣度，並且擅長傾聽，孩子們在這項傾聽優勢的基礎上，展開談話時更能了解到別人真正的興趣。」

並且，內向孩子們在平時溝通中，也更容易站在對方的角度思考，說話的內容也能準確觸及對方的需要。這樣，孩子長大後更可能贏得尊敬和信任，他們可能不會人際關係八面玲瓏，但會擁有長久的深厚友誼。

慧慧老師的英語啟蒙班上，有一個四歲的小男孩 Sam，眼睛彎彎的像條小魚，很可愛也很文靜。不像別的孩子下課後就上了發條似的瘋跑，他總是話語不多，自己安靜的玩玩走走。

有一次慧慧老師上課嗓子啞了，Sam 就一直盯著慧慧老師看，下課的第一件事就是走到窗臺旁邊，把慧慧老師泡著膨大海的杯子遞給她，說：「老師，妳喝點水吧。」

慧慧老師鼻子一酸，趕忙說：「謝謝親愛的 Sam。」雖然只是簡單的一句話，但是一個四歲孩子的觀察竟然如此仔細，內心又如此溫暖，讓慧慧老師無論相隔多少年想起來，心裡都是感激。

善於傾聽與觀察，一兩句話就能打動人心

內向的孩子觀察細緻，感情細膩，會從「對方的需要」上表達自己的想法。我們愈來愈欣賞的，不再是在公開場合裡孩子表現得多麼活潑，才藝有多豐富；而更可貴的是在私下裡、細節中，那些表現得紳士懂禮、懂得付出的孩子。

內向的孩子不會大咧咧想說就說，會時而停頓，時而思考，時而沉默。「停頓」和「思考」正好也能幫助內向型孩子避免說錯話。在內心平靜時，內向型孩子能夠獲取更深刻的智慧，會慎

重的選擇正確的措辭。

就像有句「雞湯」說的那樣：「我們用兩年的時間學會說話，卻要用一生的時間學會閉嘴。」內向的孩子能夠對自己的話語更謹慎、敏感，更善於觀察，更能體諒別人的感受。這些性格優勢，使得他們更容易交到真正知心的朋友。因為喜歡傾訴的人很多，願意傾聽的人卻很少。

敏感、害羞、叛逆……負面缺點通通可以變強項

如何發揮內向孩子的優勢，以及對於焦慮、敏感、缺乏自信、個性叛逆的孩子，都是我們需要特別努力的方向，我們可以用「4P法」來引導這些類型的孩子：

第一：準備心態（Preparation）

讓孩子無論是在公眾場合還是單獨溝通之前，都要先做好「準備工作」，形成習慣，這將有助於增強孩子應付各種狀況的信心。經常「帶著孩子社交」是不錯的做法，如果父母本身也有些內向，那就更要把社交活動納入家庭必做的待辦事項裡。

比如定期邀請朋友全家人一起吃飯或去旅遊，讓主動社交從「可做可不做」的事，變成每隔一、兩週「必須去做」的事，賦予它一些規律性和儀式感，讓它成為孩子的期待。

具體上該準備什麼呢？

一是準備提問。與別人溝通時，孩子可以問對方：「你去過最有意思的地方是哪裡？」、「你生活中最喜歡的事是什麼？」在對公眾演說時，孩子也可以準備一些問題和大家互動。

二是準備介紹自己。介紹自己喜歡什麼、擅長什麼。準備好自我介紹，孩子就會在溝通或演說時更自信的展現自己。

第二：展示自我（Presence）

「展示」就是讓別人感受到孩子的存在。內向的孩子會運用優勢去觀察到別人的需求，然後做出相應的回饋，這不僅對孩子的社交有幫助，對孩子個人內在力量的建立也大有裨益。

如何展示呢？

第一是要懂得傾聽。內向的孩子很善於做到這一點，這能夠贏得別人的尊重。正如人際關係學大師戴爾．卡內基說的：「如果你對別人感興趣，那麼你在兩個月內交到的朋友，就比你試圖讓別人對你感興趣，而花了兩年時間交到的朋友還要多。」

再來是讓孩子記住對方的姓名，最好也能夠讓別人記住孩子的姓名。能叫得出別人的名字，或是被別人叫出名字，這會讓孩子在社交場合愈來愈自信。內向的孩子很喜歡一對一聊天，這也會讓孩子遇到真正感興趣的人和事。

第三則是讓孩子對別人有幫助。這可讓孩子塑造自我價值感，比如：「我喜歡打籃球，上次在班級比賽的時候，我就進了五個球，班上的小朋友都喜歡和我一隊，如果你對籃球感興趣，我可以教你怎麼打。」

因為之前做過充分準備，所以在展示的時候就會自信滿滿，遊刃有餘。

第三：技巧推動（Push）

這裡說的「推動」並不是強硬的推動，或急於達到某些目的，而是鼓勵孩子去做有挑戰性的事情。只有去面對挑戰，孩子真正的潛力才會被激發。

「推動」可以用一些小技巧，比如把孩子的演說影片放到演說群組裡，孩子受到陌生人的鼓勵，會更有動力。

Mike三歲半第一次演說打卡的時候，我就把他的影片放到群組裡，群組裡有位老師說：「歡迎Mike，感覺以後會是個講故事的高手。」我複述給Mike聽，他一臉驚訝：「真的嗎？她真是個有趣的老師。」過一會兒，又補充道：「媽媽，下次我打卡的時候不吃東西了。」

當時他手裡握著一小片橘子，故事講到一半看到橘子，就順口吃了，我雖然覺得不合適，但是剛開始練習而已，還是以激發孩子對演說的興趣為主。聽到他主動這麼說，我瞬間感受到做母親的欣慰，覺得當一個媽媽真快樂。

當我們做一些小小的推動，就能感受到孩子內在成長的渴望。

第四：練習再練習（Practice）

創造機會，不斷提高。讓孩子利用自己「善於享受孤獨」的能力，或是「積極想贏別人」的企圖心，去練習需要提高的技能，從孩子的「興趣喜好」出發，鼓勵孩子，陪伴孩子，這樣孩子終將有所成就。

在生活中多找機會給孩子鍛鍊，比如孩子在社區玩的時候，主動跟周圍的人聊天，練習自我介紹的技能。也可以一起出去露營野炊，創造大家互相認識的機會，介紹自己。不論孩子的個性特質如何，做這些事情，都要讓孩子提前做訓練和準備，當真正的機會到來的時候，孩子就能夠輕鬆應對。

練習工具

以「Yes, and…」發展對話場景

先肯定再建議，與孩子站在同一邊

內向的孩子比較敏感，我們在與他們對話的時候，可以多說「是的」，用肯定的態度去接納孩子的語言，然後激發孩子發展出更多的場景。這也是在演說中，「即興表演」訓練隨機應變能力的核心，意思是先學會「接納」，才能「應變」。

比如說，你問孩子：「你想去哪裡玩？」

孩子：「去動物園。」

你：「上週剛去過動物園，再想想還有什麼別的地方可去。」

孩子：「我就想去動物園。」

這種對話就會讓孩子有挫敗感，因為我們其實是在否定他，也沒有給出任何建議。為了鼓勵內向或固執的孩子表達得更多，在溝通的時候一定要「先認可」孩子，再給出「建設性的建議」。

這個過程包含兩個部分：

「Yes」，是的，接納孩子。接納孩子是用一個開放的心態，回答「是的」，看看這樣的溝通會讓我們感受到什麼。

「and」是添加的意思，就是我們要添加一個新的資訊。在溝通的時候，我們需要適時拋出

「引路棋」，這樣的話，孩子就會被我們牽引。

不管孩子說什麼點子，即使超爛，我們也要說「Yes」。這是一個了不起的應變原則。

接下來我們就開始練習吧：

1

媽媽：今天學校有什麼好玩的事情？

孩子：沒什麼好玩的事。

媽媽：是的，沒什麼好玩的事，而且 ________

孩子：是的，________ 而且 ________

2

媽媽：我們這個週末去哪裡玩呢？

孩子：我想去很多地方玩。

媽媽：是的，你想去很多地方玩，而且 ________

孩子：是的，________ 而且 ________

3

爸爸：現在該做什麼呢？

孩子：該畫畫了。

媽媽：是的，該畫畫了，而且 ________

孩子：是的，________ 而且 ________

這個練習還有一個有趣的地方，就是孩子永遠不知道這個故事裡下一秒會發生什麼，這個練習也要求你不斷放棄舊有思路，不斷的認同孩子的觀點，並且給出自己的資訊。只要你們不斷的「Yes, and」，你們的故事就可以無限的往下發展。

當內向缺乏自信的孩子不斷被肯定，又能夠把性格中的優勢發揮在演說上時，他就會愈來愈喜歡演說。蘇珊．坎恩（Susan Cain）在《安靜，就是力量：內向者如何發揮積極的力量》（Quiet：The Power of Introverts in a World That Can't Stop Talking）一書中寫道：「如果一個內向的孩子在成長過程中，因為自己的性格問題，使家長經常向別人表達歉意，或被家長有意或無意的糾正，那麼孩子就會對自己的性格自卑，不僅不會去尋找自己這種性格的優勢，反而還會因為讓家長失望，於是痛恨自己為何是這樣的人。」這種自卑會引發孩子的心理障礙，比如會引起社交恐懼症、焦慮症等。

當我們轉換角度，有效發揮孩子的性格優勢，讓孩子做自己喜歡的事情之後，孩子的演說會更有質量。成功的祕訣，其實就在於把自己放在合適的燈光之下。接受自己，找到與世界相處的方式，這是無論內向的孩子還是外向的孩子都應該做的事。

第4節

擁有「歸屬感」，孩子就會主動想說、想表達

父母對孩子的人格發展有長久的影響嗎？本文在考察了相關證據後，得出的結論是：沒有。

——美國心理學家 茱蒂．哈里斯（Judith R. Harris）

比起家庭環境，「同伴環境」更重要

在培養孩子演說力的路上，我們困擾的第一步不是讓孩子說什麼，而是如何讓孩子「願意」去演說，甚至「主動」去演說。

很多家長在培養孩子演說力的第一步就很為難，因為不知道用什麼樣的方式讓孩子想去演說。有的家長以身作則，自己先主動演說打卡，用自己的行為激發孩子對演說的好奇，這也是一種好的方式。

我一開始也覺得用家庭環境來影響孩子的演說熱情很重要，直到看了《教養的迷思》（The Nurture Assumption）才了解到：到了某個年齡，同伴演說環境對孩子更重要。

《教養的迷思》作者是美國心理學家茱蒂．哈里斯，她指出：我們平時認為影響孩子發展的主要因素，是家長的教養方式，這種觀點並不全然正確。

孩子在家裡學到的東西，不足以幫助他應對跟其他孩子的關係，孩子更多的部分是跟其他孩子學習，而不只是跟父母學習。孩子最大的願望，就是盡快成為團體中「合格」的一員。愈是長大，他們對兒童群體的認同感和忠誠度就愈強烈。

對孩子來說，最重要的是如何融入同年齡層，而不是學會成為一名成年人。哈里斯因為這個研究，獲得了美國心理學會頒予傑出心理學家的喬治．米勒獎（George A. Miller Award）。她指出：孩子們的未來不只取決於父母有多愛他們，更取決於他們與團體成員能否和諧相處，尤其是和同年齡層的相處，因為他們要和同年齡層的人一起生活一輩子。

同儕力量大

每一個孩子都有被同儕接納的需求，也就是孩子們很重視的「歸屬感」。如何借助歸屬感讓孩子主動演說？我來說說 Mike 打卡的經歷。

Mike在演說打卡的第五天時，無論我怎麼說，他就是不願意打卡。說得我一點耐心都沒有了，他還是在地上玩他的小汽車，不理我。在我即將發火的時候，我趕緊轉身快步走到書房，「砰」的一聲關上門，坐在椅子上讓自己先冷靜一下。因為我知道，如果我再不離開，將會面臨著一場大戰。

還沒過幾分鐘，Mike 就把我的門打開，手裡拿著平時打卡的小麥克風，「啪」的一聲砸到地上，眼睛斜瞪著我氣呼呼的說：「我再也不打卡了！哼，妳這個壞蛋！」我因為情緒稍微緩和了一些，就沒說話。我看著他在書房裡胡鬧，他氣呼呼的在那自言自語翻東西，翻到一個裝絨毛玩具的箱子，拿起玩具在那兒玩。

突然，我想到了「同伴環境」，我就拿出手機找到那個平時的演說打卡群組，把那些小朋友的影片一個個拿出來播放。他聽到小朋友的聲音，就走過來，看著哥哥姐姐一個個演說的樣子。時機來了，我說：「哥哥姐姐說得這麼好，都是因為每天堅持打卡練習。我們再來試一次好不好？你可以拿著這個玩具來打卡。」

他居然想都沒想就答應了，「那好吧。」看起來無比艱難的說服工作，在哥哥姐姐這種同伴演說環境的影響下順利完成了，這就是孩子和同儕互動「同化」的表現。

協助孩子順利「同化」與「分化」

同化，簡單說就是「從眾」，孩子希望和同伴保持一致，以獲得接納。通過同化，孩子完成了社會化的過程。比如，普通孩子進入英語學霸圈，也不由自主想學好英語；孩子與愛打電動、不愛唸書的孩子在一起，也會慢慢愛打電動，荒廢學業。

與同儕同化互動的同時，另一種互動方式是「分化」，一般來說，孩子多數時間與大家保持一致，少數時間也想要與眾不同。尤其到了青少年時期，孩子會在群體中找自己的定位，找出自己與眾不同的地方。當然，與眾不同的最好方法，就是比其他人更好。

所以，堅持帶孩子做演說打卡練習，會讓孩子在同年齡層中變得更好，他就會更有成就感和歸屬感，有了成就感和歸屬感，就會想要說得更好，這像是一個良性循環，讓孩子主動想要演說。

自己建立一個演說群組，或是加入別人

環境會決定孩子是一個什麼樣的人，同伴環境也是如此。在上百人面前自信大方演說的妞妞，她的媽媽也是我 Ladyboss 的同學陳今華，在演說群組裡這樣分享：

「我在妞妞上幼稚園的時候，幫她報名了小主持人班，因為幼稚園的積累沉澱，妞妞在小學一年級的時候班上有活動，她就成為活動的主持人，也代表班級參加了學校很多活動和比賽。

我平時會帶著妞妞參加樊登線下讀書會，讓她感受分享的氛圍。有一次幫妞妞報名演說夏令營，這是她獨自在陌生的城市學習，在攝影師的鏡頭下，我看到妞妞一次又一次站上舞臺，而且小組競賽中，妞妞也為了團隊榮譽不斷挑戰自己，我看到後忍不住濕了眼眶。」

這種主題夏令營中，都是想要學習演說的孩子，大家都會私下暗暗較勁比拚。在這樣的環境裡，不主動演說都難。

那我們如何讓孩子加入一個演說群組呢？如果身邊已經有這樣的資源，我們就帶著孩子加入，如果沒有資源，我們就創造條件，最好的方式就是自己建立一個「演說打卡圈子」。

如何建立呢？

第一步：找到至少一個能帶孩子「堅持打卡」的朋友

三個人就是一個群組，設定好規則，比如每天十二點之前發送孩子打卡影片到群組裡，人少的時候彼此更要互相鼓勵和點評。

第二步：設定演說打卡「里程數」

為了讓孩子演說群組的氛圍更有能量，我們可以設置相應的加入門檻，因為參加這個群組的家長，一定會堅持讓孩子打卡，你可以根據情況設立「三百六十五天打卡」、「一千天打卡」的主題，每個小朋友打卡前都要說：「大家好，我是╳╳╳，今天是我參加一千天打卡的第╳天。」

目標最好定得高一些，因為取其上而得其中，取其中而得其下。我參加的就是孩子一千天打卡的群組，群組內的每一個家長對孩子堅持演說負責，也是對群組的氛圍負責。

我鼓勵大家公開在朋友圈或社交平臺寫下孩子的進步，因為只有公開展示，我們才會更加堅定的把這件事堅持到底，並且這麼做，也會吸引想要帶著孩子打卡的家長加入群組。

第三步：利用社會資源，為孩子製造「公眾演說」機會

關於養孩子，有句英文「It takes a village」，就是說要由一個村子的人來共同養這個孩子。孩子不是只屬於我們自己、屬於家庭，他也屬於社會。

在培養孩子演說力的道路上，我們也需要借助社會資源來為孩子創造演說機會。在演說的道路上，我們要去找到一些要好的朋友，形成親密的支援系統。

平時我們可以舉行演講比賽，或者是在確定演講主題後，利用定期戶外郊遊或家庭聚餐的時機，帶著孩子們一起做演說分享。

堅持一百天或兩百天後，住在同一個區域的家長，可以舉辦一個演說小聚會，給每個孩子三分鐘演說的機會展示自己，家長共同投票，給每個參與的孩子小禮物的同時，也特別頒給表現優異的孩子獎品，讓孩子感受到演說帶來的榮譽。

在群組裡，我們可以用自己身上的優勢，為群組裡的孩子們賦能。比如說，擅長主持或者播報的家長，可以在群裡分享「如何讓孩子學習正確的發音方式」；在職場經常做培訓的家長，可以跟孩子分享如何講故事。再比如說，有些孩子在演講打卡時，表現出來的期望和態度非常正能量，我們可以請家長來分享一下，他們是如何帶著孩子做到這一點的。

建立這種支援系統的好處，不光是可以減輕演說道路上的負擔，更重要的是我們通過這種方式，孩子能夠跟小朋友互動，形成一種比同學更親密的關係，可以一起吃飯，或者是一起去圖書館看書，讓他擁有比家庭、學校之外更廣闊的生活圈。

首先，孩子們會很喜歡參與，孩子看到其他人在演說當中的進步，他就會反思自己，想到自己哪裡可以提高。

其次，不同家庭教育的觀點不一樣，孩子可能會聽到很多人說的不同主題，比如說《弟子規》、古詩文、英語演講。他會感受到演說的方式不止一種，生活的方式也不止一種。在這些豐富的題材當中，孩子慢慢會找到自己想去尋找的方向，形成他們自己的判斷力。

熟知「家族故事」，是孩子演說的力量源泉

在孩子的演說表達中，說自己的故事，或者家裡發生的事情時，是最有自信的。家庭的歸屬感，會讓孩子在演說中更自如的綻放自己。尤其是有信仰和文化傳統支持的孩子，內心會更有力量。

血脈之樹結出的「自信」果實

孩子對家族歷史愈了解，愈能夠從容的應對挑戰。我們可以常跟孩子說說親人的故事，講講

家族成員經歷過的人生故事，他們是怎麼一步步建立這個大家庭的；或者講講爸爸媽媽成長的故事，兩個人結婚的過程等等。

還可以經常問問孩子早上、中午、晚上做了些什麼，爸爸媽媽都做了什麼，了解自己和爸爸媽媽每天的生活軌跡。甚至是家族遠房親戚的生活和人生軌跡，也都會給孩子一種掌控感，孩子對自己的人生會更有自信。

怎麼和孩子講家族的故事呢？有些家長只愛說些家裡英雄式主題的故事，或者對家族裡的某一個人進行全方位無死角的批判，這兩種說法都不太合適，因為生活遠比單一式的主題要複雜多了。多和孩子說說「有起有落」的故事，有光輝也會有苦難，孩子會覺得苦難並不可怕，因為背後有強大的家人力量支持，最終是可以克服困難的。

二十題「你知道嗎」問卷表

具體該怎麼做呢？我們可以從小問題入手開始講故事。美國埃默里大學的心理學教授杜克（Marshall Duke）制定了一份叫作「你知道嗎」的調查問卷，回答「是」的個數愈多愈好。調查問卷如下：

你知道嗎：

□ 你知道你的父母是怎麼認識的嗎？
□ 你知道你媽媽成長的地方嗎？
□ 你知道你爸爸成長的地方嗎？
□ 你知道祖輩（如奶奶）成長的地方嗎？
□ 你知道祖輩是怎麼認識的嗎？
□ 你知道你的父母在哪裡結婚的嗎？
□ 你知道你出生時發生了什麼事情嗎？
□ 你知道你名字的由來嗎？
□ 你知道你兄弟姐妹出生時發生什麼事情嗎？
□ 你知道你長得最像你們家族的哪個人嗎？
□ 你知道你的言行舉止最像家族的誰嗎？
□ 你知道你父母年輕時受過什麼傷嗎？
□ 你知道你父母從得意或失意中得到的經驗或教訓嗎？
□ 你知道你父母讀書時發生的一些事情嗎？
□ 你知道你家族的背景故事嗎？
□ 你知道你父母年輕時做過的一些工作嗎？
□ 你知道你父母年輕時獲得的一些獎勵嗎？

□ 你知道你媽媽學校的名字嗎？

□ 你知道你爸爸學校的名字嗎？

□ 你知道你家族裡有沒有親戚因為笑得很少而看起來很兇呢？

有研究顯示：家族故事問卷回答得愈好的孩子，他對生活愈有強烈的掌控感，自尊程度更高，對家庭生活更有信心，焦慮程度更低，行為問題也更少。一旦孩子熟知家族的故事，孩子對自我行為的掌控感會更強，在家庭聚會中、吃飯聊天時，都會更自信的表達自己的想法。

這種家族起起落落的故事，也會讓孩子了解到：那些故事背後暗藏的人性優點和缺點，看到每一個人都沒有那麼完美，也會變得更包容，慢慢也就能體悟到英國哲學家伯特蘭・羅素（Bertrand Russell）說的：「須知參差多態，乃是幸福本源」，當孩子的想法更開闊更包容，他的演說也會更有吸引力。

練習工具

高能量姿勢

做對肢體動作，消除緊張信心倍增

從家庭環境走向同伴環境，其實需要一個過渡階段，無論在家裡多麼自信的孩子，在公眾演說時不免都會有一些緊張和不安。

如何幫助孩子適應這種過渡，讓孩子能夠在群體中更自信、更有能量呢？

我們都知道要多鼓勵孩子，多給孩子創造機會，幫助孩子做好準備，這裡我們還要分享「高能量的姿勢」為孩子的狀態加分：

站姿：挺起胸膛、張開雙臂——模擬勝利迎接掌聲

讓孩子處於站立狀態，兩腳分開與肩同寬，雙手叉腰，抬頭挺胸。雙手用力向上伸展，好像體育比賽的獲勝者一樣。

我們看到很多體育比賽中，獲獎者在最後一刻都展開雙臂，向外張開，迎接全場的喝采。我們幫助孩子在練習這種姿勢的時候，就要幻想在未來的某一天，孩子站在舞臺上演說，所有的觀眾為孩子的演說歡呼喝采，當我們將這樣的畫面植入孩子的腦海，就是用孩子的未來給孩子的現在賦能。

坐姿：讓身體盡量打開——更放鬆使你更自信

身體後傾，雙手交叉抱在腦後，把腿高高蹺起，甚至可以蹺到桌子上，身體盡量舒展坐在椅子上，把手臂向外延展，搭在旁邊的椅子上。

這樣的姿勢，是讓孩子的身體姿態盡量打開，「打開的身體」會讓孩子感覺放鬆，當他的身體愈來愈適應這樣的狀態，他就會將這種姿態用於他生活中的更多場合。

美國社會心理學家艾美·柯蒂（Amy Cuddy）經過研究顯示：只要持續兩分鐘做出上述的高能量姿勢，就會讓我們體內的睪酮素提升，皮質醇降低，從而讓人更舒適，也更加自信和堅定。

最好的練習方法，就是我們和孩子一起來練習

高能量姿勢星星表

站立＋坐立

週 \ 星期	一	二	三	四	五	六	七
第一週	☆	☆	／	☆	☆	／	☆
第二週							
第三週							
第四週							

高能量的姿勢，再配上語言上的鼓勵，孩子一定會愈來愈適應在公眾面前演說。

認為自己是父母寶貝的孩子，不一定在同伴中就會有更高水準的自尊心，孩子有他自己的路，我們不可能替他走他的路，但是卻可以讓孩子在同伴環境中，通過演說，找到自己高能量的狀態。

孩子的演說之路需要時間，我們的生活也需要時間。不要急，慢慢陪著他走。

KEY

2

用「喜歡、好玩的事」，
點燃孩子探索與表達的熱情

掌握語言發展黃金期，知識＋膽識同步培養

沒有目標的演說力培養都是散亂不能持久的。制定戰略，設計戰術，
以終為始的陪著孩子執行演說力練習，才是王道。

第1節

抓住三～十三語言敏感期，為孩子滋養演說環境

從出生起，孩子所有的行為都是為了和母親建立聯繫。

——奧地利心理學家　阿爾弗雷德・阿德勒（Alfred Adler）

孩子膽子小，不敢說……

在一次育兒講座中，有位媽媽找我聊天：

「哎，吳老師，我給孩子報名了幼稚園的口才班，就是希望孩子表達能力強一些，可是孩子膽子小，表演朗誦詩歌的時候聲音好小，也不太放得開，怎麼辦啊？」

我問：「孩子學習多久了？」

她說：「有一學期了呢，平時放學後我也陪他練，他學得很快，講幾遍就可以從頭背到尾，但是人一多他就怕了。我家孩子就是膽子小。」

我問：「孩子平常都是誰在帶？」

她說：「是奶奶，不過奶奶為了讓他聽話，總是嚇他說：你再不聽話老虎就把你叼走。我們跟奶奶說過，也沒什麼好的解決方法。」

我說：「需要和奶奶好好溝通。三歲是孩子語言發展的黃金期，在這個階段積累詞彙、學習語言，效率會高很多。但如果老是嚇孩子，孩子沒有和你們成功建立起『安全依戀』的關係，就容易膽小怕人，很難信任別人，而這些都會耗費他的能量，使他不能自信的表達自己。要知道，有充足安全感的孩子，才能在這個世界尋找到展現自我的空間。」

尊重孩子和你不同

對於語言發展敏感期的孩子來說，有「安全感」，就像是種子找到了能夠茁壯發育的肥沃土壤。安全感強，孩子才能充滿激情的探索，熱情的表達。安全感缺乏，孩子就會中斷探索而不斷尋找安全感。

我們陪伴孩子的時間有限，怎麼讓孩子獲得安全感呢？

孩子最喜歡和媽媽一對一的互動了，而繪本就是愛與互動中最好用的工具之一。在挑選繪本時，如果想要培養孩子的演說力，有幾個方法推薦給家長：

第一：繪本不在多，而在於「多運用」。抓住一本繪本中孩子感興趣的人、事、物，可以做相關情景的拓展。比如孩子喜歡湯瑪士小火車，在孩子和小朋友發生衝突的時候，在孩子不想吃飯的時候，你可以問問：「如果你是湯瑪士，會怎麼辦呢？」

在互動中了解孩子的想法，尊重孩子和你的不同，孩子也會愈來愈喜歡和你聊天，無形中又鍛鍊了孩子的表達能力。

第二：給孩子「自己選擇」繪本的權利，重複閱讀。當我們重複閱讀一本繪本，其實是在給孩子進行「一致性」的確認，讓孩子的自我意識得到滿足，孩子會聽得非常專注。重複閱讀繪本的過程，也是蒙特梭利認為的意志力發展基礎。

第三：選擇一些關於「爸爸媽媽」的繪本，建立同理心。讓孩子了解爸爸媽媽的世界，我推薦的是安東尼．布朗（Anthony Browne）的繪本《我媽媽》（My Mum），安東尼．布朗是一位了不起的創作者，他擅長用簡單的語言描述孩子的心聲，孩子看到他的繪本，都會不自覺的代入角色裡，體會到繪本中人物的語言、行為和感受。

別罵，膽量是「愛」出來的

《我媽媽》站在孩子的視角，描述了孩子對媽媽的愛與崇拜。繪本中的圖畫和文字，並沒有直接表達出孩子有多喜歡媽媽，而是用了一連串誇張幽默的比喻，比如「吼起來像獅子一樣兇猛」、「我媽媽像蝴蝶一樣美麗，又像沙發一樣舒適」等等，為我們呈現出了一位無所不能、無處不在的媽媽。

這樣俏皮又細膩的語言，尤其是大量「像……一樣」的排比句，能讓孩子感受到：媽媽的愛是永遠溫暖明亮的存在。這種安全感，會幫孩子的自信一層層打底。

安全感，幫孩子開啟表達的「水龍頭」

日本繪本之父松居直曾說過：「經典繪本取決於有多少豐富的語言，有多少富有內涵的存在感的語言，有多少讀者和聽者發自內心產生共鳴的語言。」

就是這樣的語言，塑造出了豐富而溫暖的意象，讓孩子在愛裡徜徉。生活中，可以創造一些甜蜜的親子時光，比如我們和孩子一起感受繪本裡愛的流淌，這樣的時刻，建立了我們和孩子之間的橋樑，也孕育了孩子「愛說話」的小種子。

「你說，我在聽」做孩子一生的鐵粉

來感受一下《我媽媽》繪本的語言吧：

這是我的媽媽，她真的很棒！

我媽媽是一個手藝非常好的大廚師，她可以做出各種形狀的蛋糕，有小猴子形狀的，有愛心形狀的，有五角星形狀的，這些蛋糕都很好吃；她也是一個很會雜耍的特技演員，媽媽可以同時做好多事情，比如可以背著皮包去開車子，或者邊切柳丁邊煮下午茶。這是我的媽媽，她真的很棒！

我媽媽是個神奇的畫家，她經常用口紅、眉筆在臉上畫畫，每次畫畫之後，媽媽都特別漂亮；我媽媽還是全世界最強壯的女人，她可以用手一邊夾住一個包裹，還能用雙手再拎三個袋子；我媽媽還是一個有魔法的園丁，種任何植物都長得很好，家裡的櫃子上擺滿了媽媽種的花，她在種花的時候，衣服上、頭髮上都會開滿五顏六色的花。

我媽媽還是一個善良的仙女，在我難過的時候她總是有辦法讓我開心起來，看到媽媽笑了，我也變得很開心；晚上睡覺的時候，媽媽還會唱歌給我聽，她的歌聲像天使一樣甜美，令我陶醉；可是當我惹媽媽生氣的時候，她吼起來像一頭獅子，好可怕，即使是這樣，我也愛媽媽。

我的媽媽像蝴蝶一樣漂亮，每天在我身邊飛來飛去；媽媽又像一張舒適的扶手沙發，我可以坐在媽媽的懷裡看書；媽媽抱我的時候，我覺得她像小貓一樣溫柔；有的時候，我想拿起玩具車，但是它太重，我拿不起來，媽媽會像犀牛一樣強悍的拿起來，她真的很棒，很棒。

不管我媽媽是個舞蹈家，還是個太空人，也不管她是個電影明星，還是大老闆，她都是我的媽媽，她非常厲害，像超人一樣，而且還常常逗得我哈哈大笑。我愛我的媽媽，而且你知道嗎？媽媽也愛我，而且會永遠愛我。

父母七十二變，帶孩子開心跳上創意觔斗雲

孩子讀完前面的故事，會覺得媽媽真的好厲害，能扮演這麼多角色。事實上，媽媽在生活中的確是七十二變，那麼我們可以通過《我媽媽》這本書，帶著孩子演起來。

繪本中「像……一樣」的句式簡單明瞭，孩子可以表達出生動的形象。剛開始練習的時候，我們可以讓孩子來模仿書中的句子，讀到「角色」的時候，我們放慢速度來讀，加深孩子的印象。等到孩子對書中的內容熟悉了之後，可以指著圖片，讓孩子在補充時停頓。

有趣的浮想聯翩：和孩子接起一條很長很長的龍

引導孩子一起玩想像力的接龍遊戲：

媽媽像（　　　　）一樣溫柔。

媽媽像（　　　　）一樣強大。

媽媽像（　　　　）一樣美麗。

媽媽的聲音像（　　　　）一樣甜美。

媽媽的聲音像（　　　　）一樣可怕。

這樣玩幾次之後，我們可以再讓孩子來補充更豐富的「形容詞」。

這樣不斷加深孩子對媽媽的印象，讓媽媽的形象在孩子心裡清晰具體，也會減少媽媽不在時孩子的焦慮。

在日常生活可以這樣練習：早上當我們梳妝打扮得美美的之後，在孩子面前轉個圈，可以問孩子：「媽媽像什麼一樣美麗呀？」如果孩子回答不出，我們可以提示：「是獅子還是蝴蝶？」不管孩子回答哪一種答案，我們都要去鼓勵並重複：「是的，媽媽像蝴蝶一樣美麗」，或者「是的，媽媽像獅子一樣美麗」，引導孩子重複一遍句式的表達。

練習工具

「像……一樣」的動物星球

相同句式的無限創意練習

當孩子對「像……一樣」熟悉了之後，我們進一步陪孩子一起演故事，豐富孩子的表達內容，也能溫潤孩子的心靈。

表演分解練習

第一步：媽媽演動物。媽媽先帶孩子學會用一種動作來代替動物，比如大吼一聲「啊嗚」代表獅子；用雙手張開，在嘴邊撥弄兩下代表貓咪；用雙手上下揮舞表示蝴蝶等等。重複表演幾次，加深孩子的印象。當媽媽表演的時候，如果孩子會不自覺的模仿媽媽的動作，那就成功了一半。

第二步：「像……一樣」句式演練。媽媽邊說邊演，說到動物的時候，媽媽放慢語速，邊說動物的名字，邊表演出來。

第三步：讓孩子邊填空邊表演。媽媽說句子，說到動物的時候媽媽停頓，讓孩子來補充，並且表演出來。

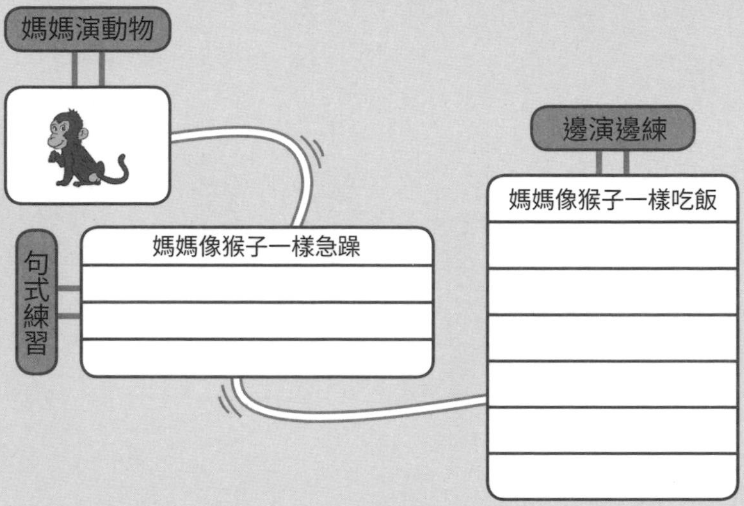

通過以上這些方法，就能向孩子傳達：

在孩子的世界裡，媽媽無所不能、無處不在。

在孩子的心裡，媽媽一直都在。

「媽媽一直都在」，這種感受會給孩子一個覺得安心的安全空間，而安全感就是安全空間的內化，也是我們給孩子最有價值的感受。當孩子的安全感足夠了，他與外界的溝通交流就會更自信。

第2節

三千萬詞彙的級距，讓孩子一開口就贏了

研究發現：美國較富裕的職業人士，其子女在三歲時聽到的單詞量，比低收入家庭的孩子要多三千萬個！這會影響到孩子早期的閱讀能力，甚至入學後的學業表現、社交、之後的收入差異。孩子們並不是生來就聰明，是成長環境讓孩子們變得聰明。

——《華盛頓郵報》（The Washington Post）

〈為什麼家長要和孩子多交流並且需要仔細選擇孩子們的詞彙〉

什麼！大家全都愛吃草莓蛋糕？

我曾經看過一堂早期教育課程，孩子的答案驚人的相似。

老師問三歲的孩子：「你們都喜歡吃什麼口味的蛋糕？」

孩子A：「草莓味道的。」

孩子B：「我也是草莓味道的。」

孩子C：「草莓味。」

聽完孩子的一輪回答，他們都愛吃草莓味蛋糕，我相當詫異，猜想他們究竟是在互相模仿，還是他們的生活體驗都差不多呢？

孩子模仿的主要對象：父母

三歲的孩子愛模仿是好的，但如果所有的答案都類似，我們就要思考：平時孩子的體驗感和詞彙量是否充足了。因為三歲正是孩子「積累語言詞彙量」並逐步形成「語言應用能力」的黃金期，也是拉開孩子語言能力差距的開始。

為什麼這麼說呢？

早在一九八〇年代，美國學者貝蒂・哈特（Betty Hart）和陶德・萊斯利（Todd Risley）研究發現：到孩子三歲時，不同的孩子驚人的發展差異，已經顯現在孩子與成人的日常對話、詞彙發展和親子互動等方面。而這些差異的產生，都指向了「家長本身語言風格」和「詞彙使用的差異」。

這兩位學者研究發現：孩子每天使用詞彙的八六%～九八%都與父母是一致的。不同收入人群之間，兒童詞彙發展的差異，就是父母詞彙差異的真實體現。美國較富裕的職業人士，其子女在三歲時聽到的單詞量，比低收入家庭的孩子要多三千萬個。這不僅會影響到孩子早期的閱讀能力，甚至入學後的學業表現、社交、之後的收入差異都會受到影響。

超級海綿學習計畫

詞彙差距的發現，對當時社會產生了很大的影響，為此美國制定了「三千萬字計畫」，為的就是幫助家長都能掌握基本的方法，積極引導孩子發展他們的語言能力。

那麼，我們該如何縮小鴻溝，擴大孩子的詞彙量？哈佛學者通過大量的觀察和研究發現：對學前兒童來說，在學校裡專門的詞彙學習，效果遠不如生活中大量使用不常聽到的「低頻詞彙」來討論孩子感興趣的話題，這種學習詞彙的方式會更有效率。

在「場景」中習得詞彙的三個法寶

對三歲的孩子來說，最好先有實際經驗，再幫助他們用語言和詞彙表達這些經驗。接下來，我向大家推薦三個方法：

方法一：參與其中，理解過程

大多數的學習都是自然而然的過程。三歲的孩子，需要自己參與到過程當中，通過設想和研究，獲得答案。這種在參與中體會到的樂趣，是不用擔心孩子會不會說的，因為孩子自己「有話想說」。

比如讓孩子播種，他先是觀察和觸摸種子，然後會問「先做什麼？」、「然後我們需要什麼？」、「種子長出來後會是什麼？」這類問題，慢慢習得像是「肥料」、「土壤」、「胚胎」、「子葉」這些頗為高深的低頻詞彙，有助於孩子理解植物生長的過程，這些詞彙自然而然也就學會了。

延伸一些，我們就來分析果實運輸的來龍去脈。比如帶 Mike 去觀光休閒農場的時候，我們對話是這樣的：

「如果我們沒有來這裡，我們一般去哪買蘋果呢？」

「在超市裡買蘋果。」

「我們怎麼把蘋果運送到超市呢？」

「用汽車。」

「對，我們用汽車運輸蘋果。」

孩子進一步理解「運送、運輸」的意思，我們還可以用開放性問題，引導孩子表達更多。在對話時，我們要有足夠的耐心等孩子反應。相對我們的反應速度，孩子的想法就像是一條潺潺流動的河，時常慢而深邃。

所以，交流時一定要留白，給孩子思考的空間，孩子一遍沒有反應，微笑的注視著他，等一會兒再問一次，即使孩子還沒有回饋，也不要著急，讓孩子慢慢說。

方法二：「主題詞彙」為圓心，「低頻詞彙」為半徑

Mike三歲的時候特別喜歡車子。生孩子之前，橙色大卡車對我來說就是橙色大卡車。因為他喜歡玩車子，我就買了很多與車子相關的玩具和繪本，現在我知道這裡面還分挖土機、推土機、鏟車、公路卡車、平板貨車……

因為他喜歡研究，他就記住了各種複雜的詞彙。有一次路過建築工地，工地的大門關得不是那麼密，留出一條縫，剛好可以看見裡面的工地。他透過門縫往裡看，我就用描述性的語言，非常具體的描述我們看到的事物。比如：

「前面的挖土機正在挖土，挖土機駕駛員正在用怪手挖土。你看呀，已經挖出了一條溝，溝裡面會有什麼呢？也許會埋一些電線進去，也有可能埋水管進去。」

當天晚上，我們就回家看了《大型卡車全知道》這本繪本，他津津有味的和我重複著「溝、水管、駕駛員」。

按照孩子的興趣來，我們要做的就是啟發他，讓他多了解自己感興趣的事情。最重要的是：認真對待他的興趣。在跟孩子分享詞彙的時候，我們就是在幫他細分這個世界。當孩子能了解不同的車，通過觀察知道兩者的區別，並能用詞語描述出來，想想看這種「說的欲望」該有多強烈。

方法三：好好回答孩子「十萬個為什麼」

認真的回應孩子的問題，也是支持孩子積累詞彙並表達的重要方式。哈佛學者蜜雪兒．喬伊納德（Michelle Chouinard）（2007）在研究中發現：一歲半到五歲的孩子，平均每小時問成人五十至一百二十個問題，絕大多數是向父母尋求資訊。孩子的提問，並不是特意想要學習詞彙，然而我們有策略、精選詞彙、資訊豐富的回答，不僅能提供孩子答案，更能夠自然而然的支援孩子的詞彙學習。

研究中心也回饋：來自低社會經濟地位家庭的孩子，他們的提問很少獲得家長的回應，這種詞彙學習機會的損失，也是導致知識和學業低落的根本原因之一。

所以，我們需要好好回答孩子的「十萬個為什麼」。在《雪球幫》（The Snowball Academy）這本書當中，提出了「好答案」的標準，只要父母的回答符合其中一條，就是好答案：

□解釋了為什麼。

□用跨科學的方式解釋了為什麼。

□利用簡單形象的比喻解釋了為什麼。

□在解答問題的同時，提出了更好的問題或者開闢出新的領域。

□用科學的方法挑戰了問題本身。

實在回答不出來，可以跟孩子說：「我們一起來找到問題的答案吧。」和孩子一起尋找答案的過程，也是和孩子深層次交流、加深理解的過程。

練習工具

熱愛學新詞

蒐集與品嘗新鮮、奇特甚至自創的語言

什麼對於孩子來說是更好的詞彙？孩子需要的詞彙、符合孩子的興趣、有更豐富的知識和概念內涵的詞彙，都是更好的詞彙。學習語言是一個社交的過程，不要著急去教孩子，而是蹲下來傾聽孩子的想法，與孩子對話。

就像英國詩人吉卜林那樣，幫孩子領悟「世界的萬物是如此的豐富多采……」

1 準備階段

(1) 提問（引出相關內容）

(2) 道具（實物、繪本等）

(3) 好心情（放輕鬆）

2 如何去做

(1) 溝通（提問）小螞蟻的相關問題

(2) 仔細觀察

(3) 討論並引入新詞

3 進階活動

(1) 和高人（或相關家長）交流

(2) 多元化體驗（畫畫、看動畫片等）

(3) 製作相關小書、海報

第3節

三個常用場景，幫助孩子「打開」自我

不論孩子表現出來的是冷淡還是熱情，如果只是憑著本能或直覺，下意識地對周圍環境做出反應，那麼，他們內在的自我就始終是封閉的，外在的表現也會跟周圍的環境格格不入。

——《如何培養受歡迎的孩子》康妮

或許我們覺得在大家聚會的時候，有的孩子就像個小話匣子說個不停，媽媽會既甜蜜又無奈的說：「我的孩子啊，就是話多。」有的孩子半天都說不了幾句，不管怎麼鼓勵，他都自己玩自己的，不太理你，媽媽會覺得：「沒事，我的孩子有點內向，在家話可多了。」

其實不全是這樣，最核心的還是他們在「社交場合」中，能不能有意識的調整自己去適應環境。康妮在《如何培養受歡迎的孩子》說道：「不論孩子表現出來的是冷淡還是熱情，如果只是憑著本能或直覺，下意識的對周圍環境做出反應，那麼，他們內在的自我就始終是封閉的，外在的表現也會跟周圍的環境格格不入。」

也就是說，我們應該讓孩子打開自我的狀態，在各種場合都能成為他們的日常，讓他們能習以為常的說出自己的想法。

也許你覺得，平時跟孩子聊天的機會還滿多的。可是想想看，回到孩子生活的場景當中，當你因為忙於工作，把平板電腦推給孩子看卡通時；當你帶孩子在社區玩耍，他們玩他們的遊戲，你在一邊回簡訊時；當你帶孩子出門逛逛，他想讓你看看池塘裡有幾條小魚，你卻一直催他快點走時……

孩子不是不想打開自我、釋放天性，只是你給孩子表達自己的機會夠多嗎？

現在，就讓我們從孩子的日常生活著手，幫助孩子打開自我。從孩子熟悉的家，到他經常逛的社區，再到更遠一點的地方，我們一起來看看可以做些什麼。

家裡：有儀式感的家庭會議

在家裡，如果我們一本正經的和孩子開會討論事情，可能他還沒坐一會兒就跑了。如何讓孩子喜歡和我們開會，討論彼此的想法呢？我們可以通過「儀式感」增加家庭會議的趣味性。比如我的朋友丹丹，她家的儀式是週五晚上固定開家庭會議。這個會議總是有固定的議程，包括唱歌、講故事、演講、玩遊戲、吃零食、看電影等。

在實際操作的環節會有很多突發情況，孩子有時會覺得無聊，我們就需要不斷調整，讓會議變得好玩。具體該怎麼做呢？
兩個小建議分享給大家：

第一個：增加「啊哈時刻」

什麼叫「啊哈時刻」呢？說穿了就是孩子感覺到有趣，情不自禁發出讚嘆的時刻，它對應的，就是打開孩子參與活動的亮點。比如選擇不同的地點來舉辦會議，像是：在家裡孩子的小帳篷裡面開會，在陽臺擺一些小蠟燭開燭光會議，或者每人帶著一隻玩偶在床上開。

在會議的開頭和結尾，也可以增加一些「啊哈時刻」。比如會議開始的時候，告訴孩子家裡藏有一些寶藏，這些寶藏可以是糖果、巧克力、餅乾，歡迎各位國王去尋找自己的寶藏，帶著寶藏來開會。

比如，可以在會議中間增加互相頒獎的「啊哈時刻」，可以是「進步獎」、「自我管理獎」、「故事大王獎」，家人之間互相鼓勵和讚美，讓孩子關注別人的亮點，除了見賢思齊外，還讓他們具備了一個社交優勢，就是贏得別人的好感——因為任何人都希望自己被關注，善意的關注他人，也就會贏得對方的好感。

如果「啊哈時刻」只是簡單的用來做為驚喜，也許它的意義不是那麼大，而如果「啊哈」能夠轉化成一種能力，讓孩子能夠影響更多的人心生美好，那它就很有意義了。

第二個：把「孩子的想法」加入會議主題

讓孩子習慣把會議當成一種溝通管道，比如孩子每次幼稚園放學後想買零食吃，你就可以說：「這個我們放在會議上討論」，孩子就會很期待會議。

孩子的日常生活，都可以放在會議主題裡討論，比如說「可以做哪些家事」、「晚上的時間安排流程」、「週末的出遊計畫」，當會議已經成為孩子生活的一部分時，孩子自然而然就不會畏懼在人多的時候講話了。

社區：「媽媽，我給妳拍張照片」

介紹完家庭場景後，我們來說說走出家門，走進孩子常玩的區域。Mike三歲時很喜歡的一件事就是幫我拍照，雖然他拍攝技術有待改進，但是我們都樂在其中。我們經常在社區的健身器材旁邊、銀杏樹下、草坪上、假山旁、十字路口拍各種各樣的照片。

有時我幫他拍，有時他幫我拍。我把這些照片全部洗出來，帶著他一起做了一本社區資料書。這本書他可以一個人看很久，因為這些都是他熟悉的場景。接下來，我們就可以好好做延展了。

這是一本自編故事書

像講故事一樣，孩子可以一張照片、一張照片的講故事，回憶當時發生的故事。二〇二〇年的一月，有一天下起了大雪，當天傍晚，我們就帶著鏟子和小桶到樓下去堆雪人了。那天雪不是很厚，我們堆了兩個小雪人，Mike 說它們一個叫艾莎，一個叫安娜。

我們給「艾莎」和「安娜」拍了照，看到這張照片的時候，Mike 每次的版本都不同。「艾莎和安娜想媽媽了，她們在尋找那個聲音」、「現在她們去哪兒呢」……

你看，只要孩子參與其中，他就會源源不斷的冒出自己的想法。

這是一本社交工具書

不知道你有沒有這種感受，覺得孩子是上天派給我們的天使，帶領我們領略這個世界的豐盛。因為孩子，我們會放慢腳步，仔細留心身邊的每一棵樹、每一朵花，甚至每一個健身器材。

Mike 很喜歡在社區裡的健身中心玩，在這裡我們也留下了照片。我會在不同的照片上做些標識，比如很多健身器材的名稱我都叫不出來，後來去仔細看標識才知道，它們是「伸背架」、「雙人雙槓」、「壓腿架」。同樣，我們把這些照片放進了社區資料書，經常比賽看誰能說出健身器材的名字。

有一次Mike又跟小朋友們在健身中心玩，有個大哥哥說：「你們快看我。」Mike看到了，扭頭對我說：「媽媽，他玩的是滑步機，對嗎？」旁邊有位奶奶聽到了說：「不錯不錯，這個小弟弟知道不少呢。」

小哥哥的爺爺也聽到了，打趣說：「小朋友這麼厲害，你跟我們說說這是什麼？」邊說邊指著自己坐的器材，Mike一看，說：「這是扭腰器啊。」那位爺爺樂了：「厲害厲害。」

從此以後，Mike就更喜歡在健身中心和小朋友玩了，那裡有他的自信和驕傲，別說打開自我了，就是在陌生小哥哥們的槍戰遊戲中，在陌生小姐姐們的扮家家酒裡，他都很主動的詢問能不能一起玩，嘰哩呱啦迅速打成一片。

教育是潛移默化的，我們要做孩子成長路上的好朋友，而不僅僅是教練。從孩子的興趣開始，讓他們自己從興趣中自然而然的積累，主動參與交流，這樣他們才能由內而外的持久轉變。

外界空間：透過「標識」體察世界

Mike三歲的時候，對各種各樣的標識特別感興趣，他尤其熱衷於看停車場、加油站的標識，甚至是地圖裡面自己的位置。我們多引導孩子去認識標識，不僅有助於孩子鍛鍊空間感，也會讓他們有一種在自己領域當國王的感受。

在坐車時，Mike會說：「媽媽，那個是洗車子的地方，我們去看看吧！」、「媽媽妳看，那是停車場。」我們就要抓住這些時刻，和他交流。

讓孩子嘰哩呱啦的「城市熱點地圖」

你可以注意觀察一下，孩子喜歡的標識都是些什麼，把這些標識利用起來，做為查找特定文字的遊戲。比如說我們可以聊聊標識上的圖形與文字，跟孩子說一說為什麼速食店和加油站的標識這麼醒目。

也可以跟孩子說一說標識背後的故事，和孩子聊一聊餐廳商店的名字是怎麼來的、名字的含義。比如說，「必勝客」為什麼叫必勝客呢？它的英文名叫 pizza hut，hut 是很小的房子的意思，問問孩子是怎麼想的。

每一次和孩子出門，都是我們引導孩子更深入理解語言、鼓勵他運用語言來理解世界運行規則的機會。在新環境裡，孩子愈是能夠利用標識，他就愈有掌控感，這樣的掌控感會幫助他更容易打開自我，加入群體的對話或者是討論當中。

在這個過程中，孩子的詞彙量、溝通方式、表演欲望，都會逐漸累積出強大的演說力。

練習工具

大野狼逛超市

幫孩子理解他人的感受、想法與行為

家是孩子最熟悉的地方，但我們需要讓孩子學會適應新環境。對新環境的適應力愈強，孩子愈不容易拘束。我們可以從家到社區，再到之外的空間，一步一步拓展孩子熟悉的場景。

如果在新環境中，我們引導孩子把熟悉的人物放進來，其實就是在幫助孩子學會理解別人的感受、看法，幫助孩子解讀他人的行為。

推薦一個練習工具：大野狼逛超市。

前期工作：了解劇本情境

在玩遊戲之前，我們先要讓孩子了解《三隻小豬》或者是《小紅帽》的任何一個版本，前期我們要讓孩子熟悉裡面的人物——大野狼。

怎麼做：角色換位思考

- **圍繞大野狼提問。**比如說在超市裡，我們問孩子：「如果大野狼在超市裡，牠會怎麼選擇

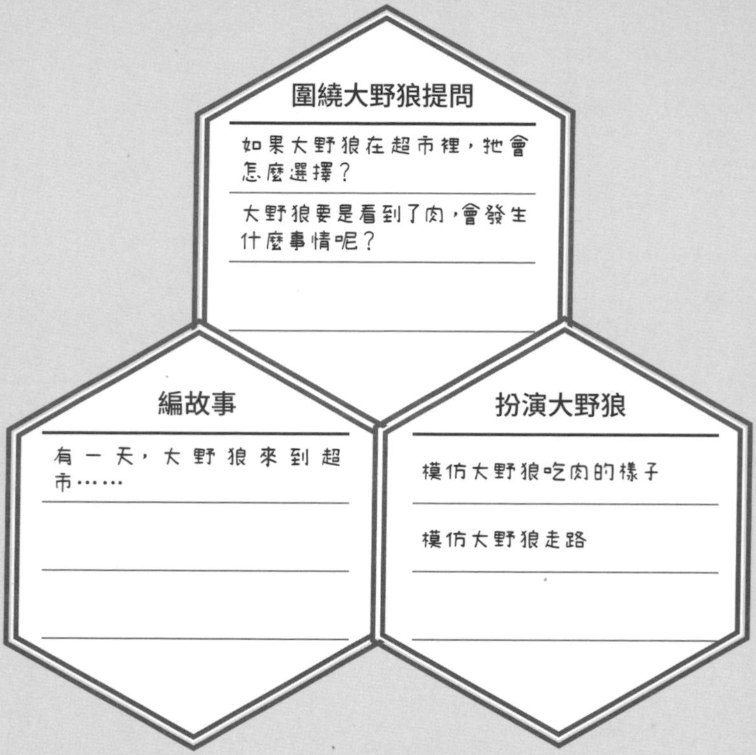
圍繞大野狼提問
如果大野狼在超市裡，牠會怎麼選擇？
大野狼要是看到了肉，會發生什麼事情呢？
編故事
有一天，大野狼來到超市……
扮演大野狼
模仿大野狼吃肉的樣子
模仿大野狼走路

呢？」、「大野狼要是看到了這些肉，會發生什麼事情呢？」

• **學會編故事**。故事愈離奇愈好，和孩子一起來編故事，比如說大野狼可能會吃掉所有的優酪乳，吃掉水果，還有可能大野狼吃了之後馬上就跑走了等等。在這個過程中，啟發孩子「換位思考」：比如大野狼這樣做為什麼不對？大野狼為什麼不受歡迎？有沒有更好的解決辦法等等。

• **在新環境中讓孩子扮演大野狼**。在新環境裡，如果孩子能投入一個角色當中，學他的語氣和神態，孩子慢慢就會放鬆，不太在意別人的眼光。

我們可以和孩子一起演起來，

孩子當大野狼，你當小紅帽。表演時，盡量讓身體舒服、舒展，讓自己的身體和四肢占用更大的空間，這樣我們可以增加自信和氣場，表現也會潛移默化的影響孩子。

在這些對話和交流當中，孩子會勇於在新環境裡表達自己的想法，也會因此受到周圍人的喜愛，得到肯定和讚賞，成為一個受歡迎的孩子。

所以，與其不斷的教孩子說話，還不如「由近及遠」的幫助孩子熟悉活動空間，先在家庭內部營造平等溝通、愛和信任的氛圍，跟家人建立良好互動後，再逐漸擴大社交半徑，教孩子和周圍的人一對一溝通的方法，和陌生人得體交流的能力，實現從家人到陌生人的融洽溝通，為孩子未來的演說力打好堅實的基礎。

第4節

如何制定「親子演說力」培養計畫

如果你覺得讀書就是為了模仿別人的想法，那是思想上的懶惰，請丟開書自己思考。

——阿圖斯．叔本華（Arthur Schopenhauer）

記得有一次受邀擔任當地凱叔故事大賽評審，給在臺上講故事的孩子們評分。

上午場是幼幼組的孩子，下午場是兒童組的孩子，一天評分和講評下來，深刻感受到現在家長的培養真是愈來愈用心。不論是從選題到展現，還是從服裝到動作，孩子們的呈現都相當精采。

幼幼組三至五歲的孩子，敢於站上舞臺就已經很出色了，更何況還能講好一個故事。我的朋友也是主辦單位之一，她女兒樂樂三歲，也參加了表演。樂樂站上舞臺，稚氣的聲音一響起，就吸引了全場的注意力。

「大家好，我叫樂樂，今天我給大家講一個故事……」樂樂的表現落落大方。

樂樂雖然很小，但是在舞臺上講到動物的聲音，被自己聲音逗樂了開心的咯咯笑，一會兒故意拖長音把聲音放得很大，感覺很恣意，有種想讓全場人都聽見自己聲音的快樂，這種表現是教不來的，只有父母無條件的愛，才會讓孩子如此綻放。

我感受到的不僅是她的自信，還有她內在滿滿的安全感。

下午場的八歲冠軍小朋友還發表了獲獎感言，發言中透著堅毅。恰好之前我看到過這位冠軍小朋友的媽媽，在孩子剛開始講故事的時候，她站在一個孩子看不見的地方，全程跟著兒子唸詞。怪不得孩子這麼優秀，家長的角色太重要了。

我們如何培養孩子的演說力呢？演說力的培養不是一蹴而就的，孩子的年齡層不同，適合的方式也不一樣，但是基礎的學習模式是一致的：

下面給大家分享演說力培養的ＩＰＯ學習模型：

I：Input 資訊輸入

- 每天在讓孩子學什麼？
- 孩子學習內容的品質，可以大幅度提升嗎？

P：Process 資訊處理

- 你有不斷引導孩子思考本質的習慣嗎？
- 孩子學習的內容，有其他關聯延伸嗎？

O：Output 資訊輸出

- 孩子現在在用哪些輸出方式？
- 孩子的學習深度真的足夠嗎？

輸入：篩選不同年齡「語構力」補給品

在北美的圖書館，家長憑著借書證在市中心的兒童圖書館，一次就可以借到一百本書之多，給孩子借書都是用推車來借，但是給孩子讀什麼樣的書，比數量更重要。

你給孩子讀什麼書，孩子就會變成什麼人。

○～三歲：準備期

這個階段是孩子語言發展的準備期，建議多給孩子看「經典圖畫書」。一本好的圖畫書，即使孩子不識字，僅靠看圖畫，應該也可以看出一個大意。

最好的閱讀方式是「親子共讀」。我們通過文字來想像故事裡描繪的世界，甚至對某些內容產生共鳴，把這種文字轉換成生動和溫暖的話語，傳入孩子的耳中和心中，這種言語的體驗和心靈的溝通，是孩子自己看書無法體驗的。圖畫書中傳遞的情感和事件，越過了孩子自己日常的生活界限，借助藝術的翅膀，帶來更多的認知和體會。

如何選擇經典圖畫書呢？建議大家讀彭懿所著的《遇見圖畫書百年經典》，這本書對六十多部世界經典圖畫書進行了精彩的解讀，而且還為家長深入閱讀和研究，提供了主題索引。

我們可以直接購買相關的經典圖畫書，邊參照《遇見圖畫書百年經典》的詮釋邊朗讀。

三～六歲：完備期

這個階段，孩子的認知能力不斷提高，不再滿足於理解圖畫內容，他們對故事的「情節」和「章節之間的聯繫」更感興趣。

我們需要做的，就是在良好的學習管道上開拓孩子的閱讀視野。給大家推薦《閱讀力：未來小公民的閱讀培養計畫》，作者傑森・博格（Jason Boog）結合兩百多位作家、育兒專家和兒童發展領域專家二十五年的研究智慧，推薦三至六歲每個年齡的孩子應該讀哪些書，其中也有相關的索引。

六～十三歲：黃金期

這個階段孩子對閱讀的渴求會更多，高年級的文學作品也會變得愈來愈「寫實」，很多故事的情節會關注社會和情感問題。所以，我們更需要去參考一些專業人士的建議。

給大家推薦的是《二〇一九年中國小學生分級閱讀書目》，在書目推薦中，比如說像梅子涵、朱自強等很多著名的專家學者、兒童閱讀推廣人等，都對書目的制定貢獻了自己的智慧。

還有中國大陸教育部制定的《中小學必讀書目》，其中分得很詳細，每個年級上學期和下學期都會有，從一年級一直到國中三年級，書目羅列了很多國內外語言大師的作品和名著經典。經典的力量會改變孩子生命的軌跡，不管他走到哪個領域，最後都會走得比別人稍微遠一些，因為那些書中，凝聚了前人的智慧、文明的精華。

運用：聯繫「書中知識」和「現實生活」

買書給孩子很容易，如果能讓孩子把書中的知識與生活實踐聯繫後表達出來，那就太棒了。但這並不容易，需要你不斷與孩子做情感交流，把重點放在「活用知識」的做法上，這就是練習演說的「捷徑」。

怎麼做呢？

從發現書中的問題開始。

針對「事件」與「人物」做提問

齋藤孝教授在《深閱讀》（読書のチカラ）中提到：「發現問題要比解決問題更難。」孩子如果以自己的經驗來思考，很難提升思維能力。如果能引導孩子去注意書中作者的提問，用括弧把問題括起來，孩子就能弄清楚作者是怎樣解決問題的，隨之就容易理解對話如何展開，也能預想到接下來會出現怎樣的提問，甚至自己也能養成邊問邊思考的習慣。這樣讀書，能夠讓孩子把「別人的經驗」當成「自己的經驗」，積累閱讀和思考的經驗愈多，表達也會愈流暢，角度愈多樣化。

閱讀是有馬太效應的，讀書積累經驗的速度愈快，就愈容易邁入下一級臺階。阿圖爾・叔本華在〈論讀書〉（über lesen und bücher）寫道：「如果你覺得讀書就是為了模仿別人的想法，那是思想上的懶惰，請丟開書自己思考。」

讀書是為了什麼？是為了提出「更多的問題」、「更好的問題」，這樣的習慣從小就要養成。小學前的讀書活動還不能稱為討論，可以說是「聊天」。大部分是確認孩子能否理解書的內容，讓孩子和你一起盡情的聯想，聊天的內容以人物和事件為中心。

「○○性格是什麼樣的？他發生了什麼故事？」

「○○如果做了其他的行為，會導致什麼樣的後果？」

練習「批判思考」與「邏輯答辯」

到了小學高年級，就應該帶著批判性的觀點來閱讀，這樣才能產生邏輯性的思考。比如小紅帽故事，我們會怎樣問呢？

- **單詞提問：**小紅帽是什麼？
- **句子的表達提問：**為什麼不用「現在是」而要用「曾經」來表達？
- **對感受的提問：**如果她被騙了，是什麼感受？

- **對句子能引申的資訊提問：**用什麼「方法」可以讓小紅帽避免遇見大野狼？
- **比較性提問：**對於大野狼來說，吃小紅帽的「好處」和「壞處」是什麼呢？
- **對對方的意見提問：**你想對小紅帽說些什麼？
- **對作用於對方的問題提問：**對於通過「欺騙小紅帽」達到目的，你對大野狼有什麼看法？
- **假設提問：**萬一你是大野狼，你怎麼辦？
- **提出結論性、綜合性問題：**「善良」和「幸福」有什麼關係？

問這些問題，會延遲孩子閱讀的速度，但是這樣提問，會讓孩子對一切事物的理解力都能迅速提高，不只是提高孩子對句子的理解能力，把握語言的意思，對於孩子掌握對話的方向也有幫助。

這些問題是讓孩子搭上了思想的便車，在問題中孩子不斷發現自己、完善自己，這樣，孩子的觀點會更有深意。

有了深意的觀點，如何表達出來，也是演說力的關鍵。

輸出：演說就是在「講故事」

一個路人向一位老人詢問返回城市的路。老人回答：「繞道的話有一條捷徑，直走的話則有一條遠路。」路人請老人告知能直走的路。老人說：「雖然這條路能一眼看到底，但實際上需要花費很多時間。而另一條路，雖然看起來繞遠了，卻另有捷徑。」

這是猶太聖經《塔木德》中的一個故事，我們總是下意識的選擇能看到的路，比如想培養孩子的演說能力，就直接讓孩子去上口才訓練班；但其實「講故事」這條彎路，離演說能力的提升更近。

講道理，不如說一個好故事

好的演說裡面經常會包含「故事」，因為每一個人都愛聽故事，而故事能夠走進我們的心裡，潛移默化的告訴我們當中的道理。

怎麼去檢驗孩子有沒有理解閱讀的內容呢？讓孩子講講看書中的故事，就是一個非常好的輸出方式。

好的故事裡面會有天生的結構模型、場景感、畫面感、生動感等，但是在孩子演說的路上，我們從簡入手，先學會講故事的關鍵：結構。

《點子就要秀出來：十個行銷創意的好撇步，讓人發掘你的才華》（Show Your Work: 10 Ways to Share Your Creativity and Get Discovered）作者奧斯汀．克隆（Austin Kleon）告訴我們：有意思的故事，最重要的部分就是「結構」。一個好的故事要有條理，要嚴謹，符合邏輯。

皮克斯動畫工作室的故事設計師艾瑪．科茨（Emma Coats），將童話故事的基本結構設計成某種填空遊戲，我們也可以教孩子多練習，鍛鍊他的邏輯思維和表達能力。

很久很久以前，有一個……
每天……
有一天……因為這件事……
然後……
最後……

什麼是「好故事」的結構？

好的故事結構，會讓孩子自己能夠講故事。每個人都喜歡精采的故事，但不是每個人都能輕輕鬆鬆說出來，這個技巧需要花很長的時間去學習，所以，帶孩子好好研究最棒的故事，然後找尋屬於他的故事。孩子愈常分享，就能說得愈精采。

比如繪本《月亮熊》（Der Mondbär），我們試著用上面的結構讓孩子套用一下：

很久很久以前，有一隻小熊，牠喜歡月亮，牠想和月亮做朋友。

每天，牠都嘗試了各種辦法，想讓月亮回到自己的家。

有一天，牠終於成功了，牠終於將月亮從天上請到了自己家裡。可是因為這件事，森林裡的其他小動物不高興了。

然後，牠們敲鑼打鼓的集體出動，要把月亮找回來。

最後，牠們和小熊講好了，讓月亮繼續待在天上，可以在每月的第一天，來小熊的樹洞裡陪伴小熊。

就這樣，讓孩子用平實的語言直接敘述即可。大師級的人物，都會把複雜的道理說得淺顯易懂，孩子經常講平實的語言，就會成為講故事的大師。我們也要注意到好的故事會吊足人的胃口，總會有轉折，總會讓你期待「然後呢」。

蔡康永曾經在一次訪談節目中說，故事之所以讓別人愛聽，原因有二：一是「有意義」，二是「不順利」。後來他進一步舉出了《小王子》的例子：在遇到小王子之前，很多意象對於狐狸來講都毫無生趣，可是由於小王子的出現，它們都被賦予了意義。而且，故事只有遭遇「不順利」，才會精采。

美國劇場導演喬治．亞伯特曾說，故事的結構就是：「第一幕，你讓主角如大樹挺拔；第二幕，你對主角丟石頭；第三幕，讓大樹倒下。」

孩子多練習，就可以把講故事的能力，運用到生活和學習當中，每一次的觀點發言，都可以用講故事的方式來表達。會講故事的孩子是有吸引力的，能夠在任何場合用講故事的方法來表達觀點，是具有致命吸引力的。

所以，從現在開始練習吧！

練習工具

萬用百搭故事

從自己的經歷說起，好開口又有獨特性

百搭故事的意思是：無論面對什麼樣的場合，都能喚起共鳴。我們可以給孩子準備一個百搭故事。

百搭故事準備兩步曲：

第一步：從孩子自己的故事入手。我們每一個人講自己的故事的時候，都是演講高手。選取一段孩子難忘的經歷，和孩子一起設計打磨。

第二步：套用架構，突出對比。善用「對比」是故事中很重要的一個部分。我們可以用皮克斯動畫工作室故事設計師艾瑪·科茨的填空遊戲，開始搭建架構。

每個孩子的故事都不一樣，千人千面，現在就準備孩子的百搭故事吧。

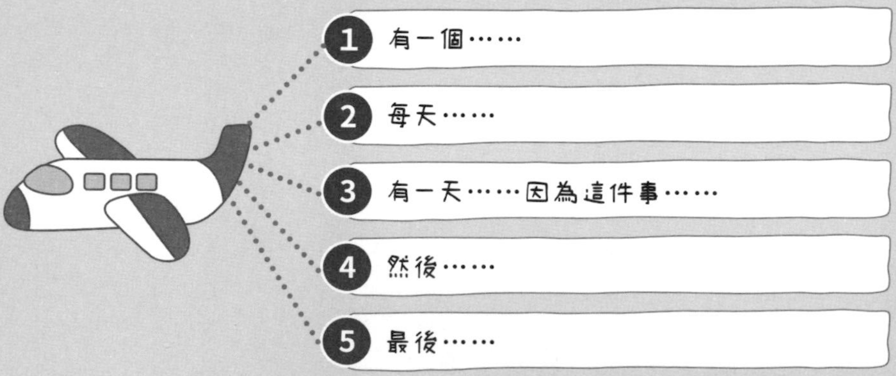
1 有一個……
2 每天……
3 有一天……因為這件事……
4 然後……
5 最後……

第5節

那些演說路上的攔路虎

能量，源自激情和熱愛，這種能量會從對視間、呼吸間自然流露，汩汩而出。這是一種因為相信與渴求而誕生出來的、縈繞周身的氣質。

——蘋果副總裁　安琪拉．阿倫茲（Angela Ahrendts）

在培養孩子演說力的路上，總會遇上接踵而來的攔路虎：

「我的孩子膽子小，上課都不愛發言，更別說上臺演說了。」

「我讓孩子講故事給我聽，講了一會兒就不講了，根本堅持不下去。」

「我不知道怎麼去培養，還是送學校口才班或者主持班比較合適。」

……

你有沒有想過，所有這些，其實都不過是退卻的藉口。能打破障礙的不是高高在上的英雄，而是改變認知後的「你」。

我們分析一下困惑比較多的兩個障礙：孩子膽子小和容易放棄。

練膽量：膽小怎麼破解

膽小不敢上臺的孩子，多半是因為內心的力量不強大，所以，我們要從孩子的教養方式去反思：我們該如何讓孩子內心更有力量，敢於做自己。

如何啟動孩子內心的能量？蘋果副總裁安吉拉在TED上曾說：「能量，源自激情和熱愛，這種能量會從對視間、呼吸間自然流露，汩汩而出。這是一種因為相信與渴求而誕生出來的、縈繞周身的氣質。」她很幸運，因為她就是在這樣的「能量氛圍」下成長起來的孩子。

鼓勵孩子的「要」，也接納孩子的「不要」

安吉拉提起自己的童年，十分感謝自己的母親，她的母親曾是一名模特兒。她說：「我家並不富裕，家中孩子又多，媽媽是一家的靈魂人物，總是鼓勵我們做自己想做的事情。」

她媽媽是怎麼鼓勵的呢？從很小的時候，安吉拉就展現出不同尋常的創造力。她利用時尚雜誌創作拼貼畫，媽媽乾脆就將家中櫃櫥讓出，讓她改造成屬於自己的藝術天地。

心理學家羅傑斯曾說：「愛是深深的理解和接納。」安吉拉的媽媽能夠鼓勵她勇敢做自己，鼓勵她的「要」，就會轉化成為她的能量，帶給她源源不斷的熱情。在日常生活中，鼓勵孩子的「要」相對容易；接納孩子的「不要」更需要智慧。

「不」是最美的內在語言，因為它代表著自我意志，代表著內心最真實的自己。當孩子說出「不」，相當於和我們之間劃了一道界限，告訴我們，我「不」想按照你的意願來，在我自己的事情上，我想自己說了算。

當孩子太容易說「是」，而不能說「不」的時候，孩子在人際關係中會表現得貌似很友善、很聽話，但在態度上就會是消極、被動、封閉的，甚至是沉睡的，在行為上也就會顯得唯唯諾諾、膽小，不敢在公眾面前發言。

所以，尊重孩子內心的聲音，鼓勵他的不同，幫他營造一個可以盡情發揮的環境，就是在綻放孩子的能量。安吉拉是這樣去描述能量的：「能量像情緒的電力，它是聯結大眾的強大集體精神，促使我們成就非凡。」

在孩子釋放熱情的能量中，肯定會有破壞性的部分，但是不能因為害怕孩子的破壞性就去制止。「不可以」，這是我們對孩子有不同意見時說得最多的話，我們說得愈多，孩子愈膽小。

其實成長是需要付出代價的，你要是怕麻煩，孩子也會怕麻煩。你要是多鼓勵，孩子就會發現自己身上的力量和勇氣。

父母是孩子「精神」的源頭

除了內在力量，孩子還需要豐富的精神資源，而這一切，離不開原生家庭的成長環境。說到成長環境，安吉拉曾說：「在精神層面上，我是受精神世界豐富的母親，和具有哲學氣質的父親撫養並影響成長的。」

父母精神世界的豐富有多重要？分享兩位女性的例子：

伊莉莎白一世和慈禧太后，兩位都是重要的政治人物。伊莉莎白一世統治半個世紀，英國成為歐洲最強大的國家之一，英格蘭文化也達到了頂峰，同時強化了航海能力，並且確定了在北美的殖民地。

慈禧太后，這位晚清的實際統治者，她數次為了維持清朝的統治，簽訂了喪權辱國的條約，惡化了近代中國的前途。

兩位執政女性統治手腕大相徑庭，導致兩國完全不同的命運。為什麼？我們來看她們的成長歷程，就能夠感受從小她們的精神資源就天差地別。

伊莉莎白小時候的教師，是英國文藝復興時期著名的人文主義者羅傑．阿斯卡姆（Roger Ascham），她所了解的歷史人物是亞里斯多德、凱撒大帝、哥倫布；而慈禧小時候讀的是《資治通鑑》和一些戲文，讀什麼樣的書，就會成為什麼樣的人。這些代表了當時最高統治者的世界觀與精神結構，深深的影響了她們的命運。

我們給孩子提供的「精神資源」，將會形成孩子的「精神結構」，精神結構就會主導孩子的願望、夢想和恐懼，並影響到未來的決定。

各位親愛的家長，我們就是孩子精神結構的源頭，是我們一點點澆鑄孩子的膽量、熱情、能量和夢想，只有我們更快的成長，才能滿足孩子日新月異的精神需求，讓孩子站在我們的肩膀上，能看得更遠。

和電影院裡的陌生目光「對到眼」……

孩子有能量有想法了，我們也需要給他創造更多的機會，讓他能夠在公眾場合，和陌生人進行眼神的交流和互動。

因為孩子真正上臺時，不論平常擁有多麼活潑的性格、有愛的家庭氛圍和有價值的觀點，他都會遇到一個狀態，叫做「緊張」。

別說孩子了，就連我們在公眾演說的時候都會緊張。我們沒有辦法從根本上解決緊張，因為緊張是人類在面臨危險時一種自動的心理壓力。

當處於陌生的環境或面對陌生的人，或者是對自己講的內容不熟悉，都會讓孩子緊張。孩子站在臺上最不敢做的就是盯住別人的眼睛，眼睛都不知道看哪裡。如何在陌生的環境裡和陌生的人眼神互動交流，是孩子膽量提升的第一步。

我們首先要引導孩子：跟別人說話時，要去看著對方的眼睛；其次，增加孩子的眼睛與陌生人互動的機會。這裡跟大家分享一個方法：

我有一個朋友，他訓練他的孩子和陌生人互動的方法，就是帶他的孩子去電影院，每當電影散場的時候，他和孩子一起站在電影院的出口處，用眼神迎接每一個人的注視。一開始，他兒子覺得他們像是外星球的怪人，不太願意配合，後來他發現和爸爸練習了幾次後，膽子愈來愈大了，眼睛看向別人的時候，從一開始的閃爍，轉變為目光平和的注視。

試試看，在陌生場合讓孩子增加和陌生人眼神互動的機會。想要孩子演說不緊張，並不是在臨場深呼吸就能夠緩解，而是在生活中的每一個場景不斷刻意練習。眼神的堅定，會反映出孩子內在有多平穩。

練堅毅：永不放棄，勇敢試錯

除了孩子膽子小不敢上臺，在演說路上的另一個攔路虎，就是容易放棄。那麼該如何培養孩子在演說上的堅毅品質？

有些家長不清楚孩子對什麼感興趣，多半因為沒有給孩子太多的機會去嘗試和尋找，「尋找」和「試錯」階段，有著極其重要的價值。

找到孩子願意堅持的演說方向

體育心理學家在研究兒童和青少年時期中發現：在專攻一項運動之前，嘗試過不同運動種類的運動員發展會更好。早期的「廣泛嘗試」，會幫助運動員確定哪項運動更適合自己，跳過這個嘗試階段的人，雖然早期的競爭優勢會明顯，但是後期倦怠的可能性會更大。

這對孩子來說也是一樣，廣泛的嘗試很重要，孩子更在意是否有趣，我們一定要讓孩子找到自己的興趣。如果你代替孩子去尋找他愛做的事情，那麼孩子放棄的可能性就會很大。

二〇一三年，賓州大學心理學教授安琪拉．達克沃斯（Angela Duckworth）在TED論壇發表了關於堅毅的演講，她的觀點給我們很多啟示。

達克沃斯家裡有一條家規：難事原則。孩子們可以自己選擇感興趣的「難事」，但要承諾堅持一段時間。在這段時間內不能放棄，之後可以選擇退出或繼續。她的大女兒在多年裡先後嘗試了芭蕾舞、體操、田徑、手工及鋼琴之後，最終在中提琴上堅持了下來，而且興趣一直在增加。這個兼顧了堅持和興趣的「難事原則」，我們可以試試。

從精通一個「子技能」開始做起

什麼是子技能？把演說力的整體表現，專注到一個非常小的層面，設立一個改進目標。把這個小層面劃分成更細微的子技能，通常情況下，更細微的子技能學習法，是建構技能的最佳途徑。

著名導演卡梅隆就善於將大任務分解成眾多小任務，並且他在每一個小任務當中，都在重複練習。在拍攝《阿凡達》影片時，他讓團隊描繪出整個潘朵拉星球的生態環境，卡梅隆手繪了三十多張外星動物的效果圖，交給動物專家去修正不符合科學的細節，反覆的修改後定稿。

他還在語言方面找來語言學家，專門為這個星球的人創造一種語言，並要求配音人員學會，並且卡梅隆電影製作團隊甚至製作出一本兩百頁的書《阿凡達潘朵拉星球生物和社會史機密報告》（Avatar: A Confidential Report on the Biological and Social History of Pandora），專門介紹他們創作的潘朵拉星球。

正是源於小任務的不斷研究和練習，才使得某一個技能不斷完善，帶給觀眾卓越的感受。不斷完成小任務的感受，就像玩《超級瑪利歐兄弟》遊戲的體驗：一個個由易到難的關卡，通過一個，就給瑪利歐一個蘑菇，蘑菇就讓瑪利歐變大一點，使他更有能力克服障礙，如此良性循環，最後成功到達終點。

小技能上的成就，像是聲音的起伏、目光的互動與交流等細節的精進，會不斷激勵孩子勇敢向前。

具體怎麼做呢？我們可以先選一個主題，比如說孩子的個人介紹、感興趣的主題發言等，帶著孩子一起全神貫注的投入，設定一個技能，這個技能可以是「抑揚頓挫地講故事」。

子技能確定後，就開始練習聲音的抑揚頓挫。孩子開始對著爸爸媽媽講故事，爸爸媽媽只對孩子的聲音進行講評；接著對身邊的同學講故事，讓同學感受一下故事裡聲音的起伏；在家庭聚會時也對大家講故事，著重讓大家感受聲音的變化。

幫助孩子用一個月的時間打磨聲音，積極尋求外界的回饋，不斷的在回饋中前進，直到孩子在這個子技能上感覺有自信。

如果孩子不斷的完成子技能，他收穫的不僅是大家的掌聲，更重要的是來自內心的自信和演說的成就感。自信比什麼都重要，這會讓孩子在演說的路上持續走下去。

和孩子一起培養「成長型心態」

什麼是成長型心態呢？就是面對失敗和挑戰，認為自己可以做得更好。亨利．福特曾經說過：「不管你認為能或不能，你總是對的。」成長型心態是相對於固定型心態的人來說的，固定型心態的人遇到失敗時，他們會覺得「我就知道我不行，我做不好，很難。」

成長型心態是如何形成的呢？經常被鼓勵的孩子就會擁有「成長型心態」；常被表揚和被貶抑的孩子就會擁有「固定型心態」。孩子說：「媽媽，很難，我不會做。」固定型心態的媽媽會說：「你看你這麼簡單都不會，我跟你說了幾遍。你剛才有沒有在聽啊？你腦子去哪兒了？」

而成長型心態的媽媽會說：「我看到你剛才想了一下，覺得有點難是嗎？你先想一想，是不是可以想出一小步，不需要全部解決。」當孩子相信改變真的可能發生，就會擁有成長型心態。

我們的引導方式至關重要。

孩子成長中遇到的困難，演說遇到的挫折，我們的解決方式，會一次次拉開孩子與孩子之間的差距。演說的旅程就像賽跑，一開始每個人都意氣風發，唯有力竭時，才能看出差距。而這種差距，不僅僅是孩子能以多快的速度跑完全程，更重要的是，孩子以什麼樣的姿態到達終點，而這一切，都是因為你。

練習工具

超級英雄的三座燈塔

幫孩子找到榜樣，朝明確的目標飛行

如何在生活中不斷給自己和孩子能量，讓孩子在演說的路上披荊斬棘？我推薦「三座燈塔」，它們將帶領我們朝著目標前行：

燈塔一：對焦英雄人物

晚飯後林悅和媽媽走在散步的路上，兩個人都在找自己心目中的英雄。她們約定找到之後，要說一說為什麼喜歡，再確定自己的目標。

媽媽說她的英雄人物是作家李欣頻，因為李欣頻大量的閱讀、看電影、旅行，在學習、工作、生活帶來了不同視野的力量，所以媽媽也想像李欣頻一樣，多做積累，決定每個星期看完兩本書後，和林悅講裡面的故事。

八歲的林悅喜歡的偶像是辯論高手詹青雲，因為很喜歡看辯論節目《奇葩說》，林悅不知不覺就喜歡了這個旁徵博引、英姿颯爽的女孩子。林悅說：「媽媽，我有一天也想像她那樣，舌戰群雄。」媽媽聽了，說：「好啊，我們都朝著英雄看齊。」

回到家後，在書房裡，兩個人都找到了李欣頻和詹青雲的照片，列印出來後貼在書桌上、冰箱上、化妝鏡上，隨時提醒著自己的目標。

燈塔二：英雄附體，所向披靡

我們想一想，假如我們就是心中的超級英雄，有時是站在公眾面前語驚四座的辯論和表達想法，有時是在不同國家的大學裡感受頂尖學者的風采，有時是在別人有困難時我們挺身而出，有時能帶領著朋友們感受不同領域的精采。

願景都是美好的，當這些細節愈具體，我們就愈能感受到英雄在我們心中的力量，那是種我本俱足的力量，是我本來就可以的力量。

那種從骨子裡生長出來的力量，我們從小就要讓孩子體會到：這是我們與生俱來的能量和能力，它就在我們身體裡，我們看見了，就無法忽視。

燈塔三：身分的覺醒

身分從精神領域來闡述，就是一個人認為他自己是怎樣，以及努力做到這樣的人。當一個人被賦予「身分」之後，就會開始思考這個身分應該思考的問題，去學習相應的能力，做出相應的行為。

這是一個奧祕。知道了這個奧祕有什麼用？太有用了，每個孩子心中都有一個英雄夢，當我們不斷認同孩子是自己的英雄，告訴孩子：「你是自己的光榮，是自己的倚仗，更是自己的英雄」，喚醒他的英雄氣質，他就會學習英雄的能力，自然而然擁有英雄的格局和氣勢。這是身分帶給孩子的精神能量。

1 英雄人物 ____________________
（誰）

2 英雄附體 ____________________
（你會做些什麼？）

3 身分的覺醒 ____________________
（你會擁有什麼能力？如何擁有？）

古往今來，有多少英雄人物的公眾演說，扭轉了人們對自我的認知？二千五百年前，雅典政治家伯里克里斯（Pericles）在陣亡將士葬禮上的演講，第一次談論了歷史上最重要的信念：自由、寬容、愛好美麗、愛好智慧。一八六三年，林肯在賓州的蓋茲堡國家公墓揭幕式上發表演說，闡述民有、民治、民享。一九六三年，馬丁．路德．金恩在華盛頓林肯紀念堂發表演講，他說，我有一個夢想。

讓我們和孩子一起感受這些歷史上英雄的聲音，和英雄的精神頻率共振。英雄的聲音會在孩子的耳畔迴響，心中回盪，從而讓他感受到英雄的力量，讓他在演說的路上無懼，亦無畏。

KEY

3

「導演、夥伴、觀眾」集合！
開始有趣的演說打卡

營造讓孩子「敢說、愛說、很會說」的演說環境

真正愛演說的孩子心裡有愛，眼裡有光，
好的家庭氛圍就是孩子愛演說的土壤。

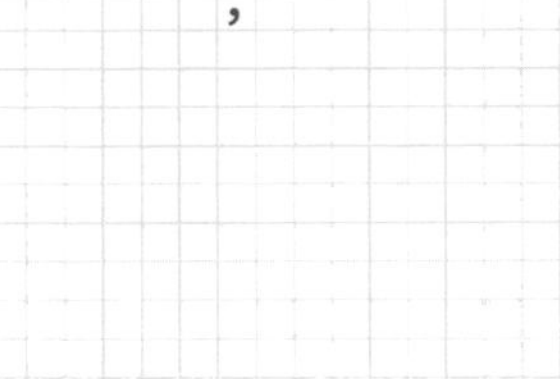

第1節

陪練與支持，讓孩子愛上演說的親子時光

愛首先是一種自我完善，不是單方面的犧牲，也不是單方面的索取，愛是既關注對方的需要，也關注自己的需要。當我們雙方的需求都得到滿足，當我們共同成長，連接就發生了，愛開始流動起來，夫妻之間如此，父母和子女也不例外。

——《心靈地圖》（The Road Less Traveled）
史考特．派克（M. Scott Peck）

一位老人癱坐在公園的椅子上，像被人抽去了靈魂般，嘴裡不停的念叨著什麼，一邊喃喃自語一邊抹眼淚，他剛剛失去了相伴多年的老伴。一個小男孩看到他哭得傷心，跑過來，爬到老人的腿上，靜靜的坐在那裡。奇怪的事情發生了，老人一下子就覺得好了很多，情緒也穩定下來。後來，小男孩的媽媽問他對老人說了些什麼，男孩答道：「我什麼都沒說，只是幫他哭了。」

不止這個小男孩能夠和這位老人共情，大多數孩子很小就有共情的能力，很多兩、三歲大的孩子也會做出安慰他人的舉動。

還記得有一次我和 Mike 爸爸因為學區房資金的問題吵架，他站在那裡用手指著我，說我說話不負責，我說我已經很努力的在籌錢了，但是籌不到那麼多啊，忍不住說著說著就哭了，還不到兩歲的 Mike 不知道什麼時候走到我旁邊，用一隻小手輕輕摸著我的臉，兩個小眼睛天真單純的看著我，說：「別哭了，別哭了」。

當 Mike 在輕輕摸我臉的時候，我真的覺得他在輕輕的撫慰我的心，當時我的心情就好了很多，很療癒。Mike 說完後就一直站在我的旁邊，不出聲的陪著我。Mike 爸爸看到 Mike 這樣，也沒再說什麼了。

在生活中，也許我們有過很多這樣的時刻，我們會看到孩子把自己喜歡的零食、玩具，放在其他小朋友手中，並用小手拍拍別人表示他的關心。如果我們能珍視孩子這樣的行為，並且能夠成為孩子的榜樣，孩子的共情能力就會被我們強化。這裡需要說明的是：「共情」能力不是同情心，而是「同理心」。同情心更多的是憐憫對方；而同理心是站在對方的立場，感同身受的理解。

舉個例子，某人陷入一個很深的地洞裡，站在底部大喊：「我被困住了，這裡好黑，我快受不了了！」有同情心的人會說：「下面好黑吧，不要害怕。」有同理心的人卻能夠爬下來，和他站在一起，說：「我知道這下面是什麼樣子，你並不孤單。」

所以，我們能夠感受到有同理心的表達會讓人更溫暖，那是一種愛的語言。以下是兒童發展心理學家威廉．戴蒙（William Damon），對於從嬰兒期至青春期的兒童「共情能力」發展變化的分析：

- **嬰兒早期**：對自我的情感和需要之間的邊界很清楚，但不能區分自我和他人的情感與需要。
- **一～兩歲**：能夠將辨別他人悲傷的情感發展為真誠的關心，但還不能將這種情感真實的轉變成有效的行為。
- **兒童早期**：意識到每個人的觀點都是獨特的，不同的人對同一情境會有不同的反應。借此，兒童會對他人的悲傷做出更適當的反應。
- **十～十二歲**：發展出對處於不幸困境中的人——窮人、流浪者及殘障人士的共情。到青春期，這種共情能力將對個體的意識形態和價值觀念，帶來人道主義的色彩。

我們會發現，隨著孩子長大，共情能力的發展會因為個體差異區別很大。有共情能力的孩子所做的表達，會讓對方感覺舒服溫暖，如沐春風；另外，也會發現有的孩子太過自我，一說話就讓人感覺太自私。

美國的著名心理學家安東尼·比格蘭（Anthony Biglan）說：「孩子不夠溫暖，一切的根源，來自家長、每個成年人。」有些家長為孩子提供的社交環境很自我，如果有好吃的第一個給孩子，不顧家裡還有其他長輩在；或者自己在圖書館大聲打電話，不顧別人的感受等等，這樣成長環境下的孩子，恐怕怎麼也溫暖不了吧。

如何讓孩子的表達更有同理心，能說得出愛的語言呢？

愛的語言像一只「隱形水桶」

《你把水桶加滿了嗎？》（Have You Filled a Bucket Today?）說的是每一個人都有一只隱形的水桶，這個水桶只有一個用處，就是裝你對自己的「好想法」和「愉快的感覺」，當水桶滿的時候，你會感到幸福和快樂，當水桶空的時候，你會感到孤單和難過。

怎麼讓水桶裝滿呢？當你表達你對別人的關愛，說了溫暖的話，做了友善的事，你就是「加水人」，加水人在裝滿別人水桶的同時，也能裝滿自己的水桶。如果想當一個加水人，在每天的開始，可以跟自己說：「今天我要做些事情來裝滿別人的水桶。」在每天結束的時候，問一問自己：「我今天是不是裝滿了一個水桶？」

但如果你對別人說了難聽的話，做了讓別人感覺難受的事情，或是忽視別人時，你就是一個「舀水人」，舀水人的水桶是空空的，他們以為舀空別人的水桶就能裝滿自己的水桶，但是根本不管用，如果舀空別人的水桶，自己的水桶就永遠也裝不滿，舀水人自己也會很難受。

故事很簡單，卻蘊含著深刻的哲思。如果我們和孩子都能夠成為加水人，就能在給別人加水的同時，也給自己加滿水，建立情緒的安全感，我們也就能更有效的處理衝突，發展我們夢寐以求的親密情感。

「加水人」和「舀水人」的反哲學

我們給予孩子愛，我們和孩子都會感到幸福，如果孩子也能學會給予愛，每天向別人表達善意，傳遞愛的力量，他的內心也會更有愛和力量。對孩子來說，比外在成就更重要的是：他的內心有沒有感受到快樂和價值感。這其實就是孩子幸福人生的指南。

可是在真實的生活中，孩子正在玩的玩具忽然就被別人搶走，大人老是逼著孩子多吃飯，孩子提出的新遊戲卻沒人理會，想多看幾分鐘《粉紅豬小妹》大人就是不同意，晚上睡覺前還想多玩一會兒也不行，遇到陌生人不想打招呼卻被逼著開口。

在這個世界裡，孩子時刻都在準備著戰鬥、逃避，又或是麻木。所以，我們需要和孩子一起來實踐愛的語言，互相給予，互相滋養，讓孩子感受到，即使有太多的壓力、風暴，爸爸媽媽可以和他一起面對人生的挑戰，這種感受會讓孩子真正擁有歸屬感。

孩子一旦內心有了穩穩的價值感和歸屬感，他就是一個加水人。我們該如何和孩子一起實踐愛的語言呢？

溫暖的力量：實踐愛的五種語言

美國作家蓋瑞・巧門（Gary Chapman）提出：「愛的五種語言」是人際關係建立中最有影

響力的語言，無論親子關係還是夫妻關係都適用，只有學會理解對方愛的語言，我們才能有智慧的往對方的水桶裡加水，對方才會有被愛的感覺。

這五種愛的語言是什麼呢？

愛的語言之一：肯定的言辭

馬克・吐溫曾說：「一句肯定的話，可以讓我活兩個月。」肯定是一種鼓勵，而不是表揚。表揚會讓孩子愈來愈期待我們對他的評價；而鼓勵是愛的連接，是信念的傳遞，是力量的給予，是真正愛的表達。鼓勵需要同理心，是從對方的觀點來看這個世界。

所以，我們必須學習和關心：對於對方來說什麼是重要的？只有這樣，我們才能給予鼓勵。比如我們可以嘗試說：「我明白」、「我理解」、「我在意」、「我跟你在一起」、「我能幫上什麼忙」，努力的表示：我們相信你和你的能力，我們給你認可和肯定。

當我們經常這樣跟孩子說得多了，孩子會模仿我們的語言，在他的社交環境中使用起來。想要孩子變成什麼樣的人，我們先成為那樣的人就可以了。

愛的語言之二：全部的注意力

精心的時刻不是花心思給對方驚喜，而是給予對方「全部的注意力」。我們可以和孩子約定一段時光，在這段特殊時光中，我們全身心陪伴著他，保持目光的接觸、玩遊戲、安靜的聽他說在學校的經歷、一起散步邊走邊談，而不是偶爾看看手機上LINE的訊息、接個電話。

要關注孩子的感覺，孩子是最敏感的感受者，所以，當我們不斷的關注孩子的感受時，孩子會覺得被我們理解和接納，進而也能夠理解我們的感受。我們只有先理解對方的感受，才有被對方理解的可能。當我們不斷關注孩子的感受時，也是在給孩子一個信號：我在關注著你，我十分在意你。

孩子也會慢慢習得如何去分享感受，當與朋友溝通時，能夠關注對方的感受，會讓對方感覺很舒服。我們可以從建立「每天的分享時間」開始，在分享時間裡說各自發生的一、兩件事，以及對這一、兩件事的感覺。

愛的語言之三：接受禮物

禮物是一種你可以拿在手中，說：「你看，他想到了我」或「他仍記得我」的東西。禮物本身是思念的象徵，是否值錢不重要，重要的是你想到了對方。

可以引導孩子為他喜歡的人送禮物，可以是買的、找到的或者自製的。孩子在路上看到的一片特殊形狀的葉子、一片有趣的鳥類羽毛送給對方，都是一種愛的表示；甚至可以讓孩子準備一本「禮物點子筆記本」，有好的想法都可以記下來去實踐。

愛的語言之四：服務的行動

服務的行動，主要是對方想要你做的事。我們可以問問孩子，希望爸爸媽媽為他做哪些事？這些事會讓他感受到愛。比如孩子希望「他不想吃飯時就可以不吃」、「爸爸媽媽同意他可以在同學家住一晚」、「能夠多玩一會兒」、「能有一盒蠟筆」。

如果我們可以滿足孩子的想法，孩子會感覺自己被愛，被我們重視。同樣的道理，當孩子希望結交好朋友時，建議孩子為對方做一些服務，讓對方感覺到孩子的友誼和真誠。

愛的語言之五：身體的接觸

身體的接觸是建立愛的有力方式。一個溫柔的擁抱，可以很深刻的向孩子傳達愛。我們的任何部分都住在身體內，觸摸身體就是觸摸我們。孩子之間哪些是好的觸摸呢？比如握手、拍肩、擁抱。

當我們以身體的接觸做為一種愛的表示，它就可以到達孩子的心靈深處。慢慢的，孩子也可以在朋友傷心時輕輕撫摸他的背部表示安慰；在開心時，可以和朋友擁抱表達感情。這種愛的語言，既溫暖又有力量。

練習工具

花繁葉茂「愛心樹」

給孩子滿滿安全感，他會愈來愈閃亮

在家裡，我們可以做一棵愛心樹，時時刻刻提醒我們去實踐愛的五種語言：

第一步：提示銘記愛的語言

用一張30×50公分的卡片，寫下下面的句子，可以貼在經常看得見的地方，比如梳洗台的鏡子上，或是貼在洗手間裡提醒自己：「說肯定的語言！說肯定的語言！說肯定的語言！」

第二步：實踐練習愛的語言

設定每個月有一週，每天和孩子互相都至少說一句肯定的語言。星期一說：「你能把垃圾撿起來放進垃圾桶，真好。」星期二說：「謝謝你把晾乾的衣服幫媽媽拿進來。」也鼓勵孩子每天都跟妳說一句。

第三步：製作愛心樹

在100×100公分的大白紙上畫一棵愛心樹，和孩子一起記錄每天說的鼓勵的語言，這樣日積月累，愛心樹上就會結滿了「愛的語言」的果子。無論我們是在什麼狀態下，當我們和孩子站在這棵樹前，總會感到力量滿滿。

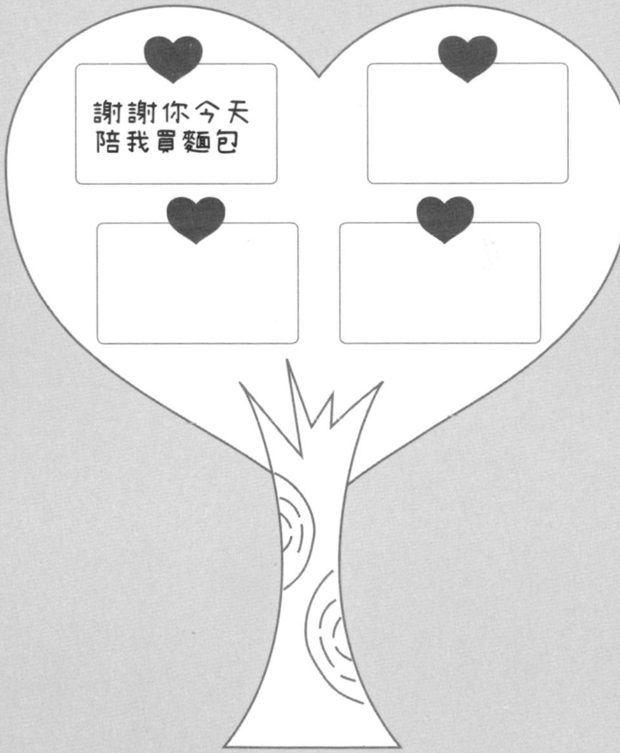

父母的愛是孩子安全感的來源。一個一天到晚在衝突不斷的家庭中生存的孩子，長大之後很難處理自己的情緒，一說話就讓人感覺不舒服。而如果孩子能夠長期在愛的環境裡，與我們互相傳遞愛的語言，他就可以把愛內化在心中，他的演說自然也會很溫暖。

將來，即使獨立生活，當孩子遇到焦慮和壓力的情況時，也有辦法自我安撫。同樣，他也會同理別人的感受，讓愛的語言為對方點亮一盞愛之燈，不斷傳遞溫暖，賦予彼此勇氣。

第2節

兩個語言習慣，讓孩子內心變強大

孩子是最堅忍的人群，他們還不懂得用逃脫來抵制痛苦，也不懂得用宣洩來反抗折磨，他們只能伸著冰涼的小手小腳，甚至根本不會有人察覺到他們久久不能平息的心悸。所以我總是想，孩子是可憐又可敬的。

——《櫻桃之遠》張悅然

說到標籤，我想起學員雅琪跟我說過她小時候的故事，心裡閃過一絲心疼。

「妳怎麼這麼笨啊，這道題講了幾遍，妳還不會，老是錯，妳腦子都在想什麼？妳說妳上課有沒有專心聽？」雅琪最害怕的時刻又到了，每次晚飯後，她爸爸就要檢查她的作業，她跟我說她真的努力在寫，但就是常常寫錯，一出錯她爸爸就罵，她到現在還記得她爸爸坐在小竹椅上，眼睛斜瞪著她，一隻手指頭戳著她的腦門，戳得她站不住，向後退了兩步。

她說她當時被罵得眼淚直流，覺得自己怎麼這麼笨，就是不會做。她爸爸看她不說話更生氣，繼續罵：「就知道哭，哭有什麼用？哭能解決問題嗎？妳說妳下次要怎麼辦？再要錯怎麼辦，妳自己說！」她說她爸爸盯著她，像盯住一個臉上寫著窮凶極惡的罪犯一樣。

她不知道怎麼辦，唯一知道的就是害怕做數學題。爸爸說她笨，她也覺得自己好笨，要不然怎麼從小學五年級開始補習數學，一直補習到高中呢。

她爸爸給她貼的這個標籤就像一個烙印一樣，跟著她長大，直到現在，她看到跟數學相關的事情就下意識的逃避，現在她老公也常常開玩笑說：「妳的數學是體育老師教的吧？」他無心的一句話，卻戳到她童年的痛處，讓她瞬間沉入自卑的汪洋大海裡。現在雅琪在做電商，跟別人私訊都很好，但是要她在群組裡分享，她一直不願意，因為她內心的自卑讓她害怕出錯。

其實，最讓我們難過的，不是陌生人的詆毀，而是親人對我們的傷害。原生家庭帶給我們的傷害，只能自我療癒。我們這一輩也已經是孩子的原生家庭了，想想我們最經常說的話是什麼？這些話是讓孩子感到愈來愈膽小，還是愈來愈愛表達？

在負面標籤裡，孩子感覺達不到父母的期待，覺得自己沒有用，他們當時不會有這樣的覺察，但是這樣的念頭會深入他的潛意識中，伴隨一生。心理學家榮格曾說：「你的潛意識指引著你的人生，而你稱之為命運。」

我們的每一句話都有力量，都會影響孩子對自我的認知，他會從我們的語言中感受自己是無力還是有能力的人。孩子是處在「鼓勵表達」還是「壓制自我」的生活環境裡，他到底是得看著我們的臉色求生存，還是能夠不斷解決問題求發展？這個問題值得父母們深思。

改變我們的語言，就改變了孩子的世界。我們負面標籤化的語言不僅讓孩子自卑，不敢在公眾面前表達，也會妨礙我們去了解孩子。我們如何能夠撕掉負面語言標籤，改變語言能量，讓孩子的表達擁有無限可能呢？

╳壞嘴巴：清除「負面標籤」

我們回到雅琪的例子，試想在雅琪剛開始接觸數學時，她一定會有算對答案的時候，並不是每道題都錯。

雅琪的爸爸只關注雅琪做錯的地方，而沒有關注她做對的那些題。如果時光可以倒流，雅琪的爸爸能夠說：「雖然妳錯了幾道題，但是妳做對了這麼多題，真是聰明的孩子，爸爸感覺很驕傲。」那雅琪是不是很開心，更有自信呢？

如果雅琪的爸爸能經常關注到雅琪做對了什麼，在錯的那些題中鼓勵雅琪自己找方法，雅琪一定會愈來愈自信，命運也一定會被改寫。

可惜時光不能倒流，我們能做的就是珍惜當下。我們教育孩子時，如何能夠及早從負面的語言標籤裡走出來呢？下面給大家介紹轉換語言能量的兩個步驟：

第一步：停止語言暴力，找到對應的「正面標籤」

比如，「笨」對應的正面標籤就是「聰明」；「調皮」對應的正面標籤是「乖巧」；「不聽話」對應的正面標籤是「合作」。

第二步：找出正面標籤的「關聯事件」

比如說你覺得孩子很頑皮。找到對應的正面標籤是「乖巧」，再聯想到的關聯事件是：孩子很自動的早上起床看書，所以你感覺孩子也不總是頑皮的。比如孩子不肯吃飯，正面標籤是「主動吃飯」，你想到的關聯事件是：他餓的時候吃得很盡興，所以你會感覺到孩子吃飯這件事，並不至於總是讓你心煩。

慢慢的你就會發現：過去我們總是把關注力放在孩子的缺點上，當我們負面強化的時候，我們的眼裡只有孩子的缺點，孩子總是被我們說這裡不好、那裡不好，自然也沒有自信去表達自己的想法。

著名心理學家阿德勒說：「鼓勵表揚，在養育孩子的過程中，比任何方面都重要。孩子幾乎所有不當行為的原因，都可以認為是缺乏適當的鼓勵表揚。」

所以，請父母慢慢覺察自己語言中的負面標籤，覺察後，立刻找出對應的正面標籤與關聯事件，改變自己的表達方式，引導孩子建立自信，讓他敢於多表達自己的想法。

○好嘴巴：使用「高能量」詞語

九歲的楊洋參選下半學期的班級幹部，最後落選，非常難過。這個競選楊洋準備了好久。放學回到家，楊洋低頭喪氣的說：「媽媽，我沒選上。」

媽媽說：「怎麼會沒選上呢？在家不是練得好好的嗎？你一定是緊張了吧，還是說話結結巴巴？」

楊洋不想說話。媽媽想安慰一下：「落選就落選吧。」結果楊洋忍不住「哇」的一聲哭了出來。媽媽說：「別哭了別哭了，哭也不能解決問題啊。」楊洋煩躁的一溜煙跑到自己房間，再沒出來。

媽媽本來是想安慰楊洋，結果愈安慰，楊洋愈難受。我們看楊洋媽媽說話的關鍵字裡面有「緊張、結結巴巴、落選、哭、問題」，這些關鍵字都很低能量，聽上去感覺就不好。

「關鍵字」像燦爛煙火，也可能是顆大砲

馬歇爾・盧森堡（Marshall B. Rosenberg）在《非暴力溝通》（Nonviolent Communication）

中說：「也許我們並不認為自己的談話方式是暴力的，但我們的語言，確實常常引發自己和他人的痛苦。」

我們在日常生活中跟孩子交流時，使用不同能量的詞彙，會帶給孩子不同的感覺，而我們的潛意識也會識別和處理每一句話的關鍵字。

消極的語言，就會帶來較低、較重的振動和能量；而積極的詞語，會產生更高、更輕的振動和能量。舉個例子，當我們跟孩子說「沒問題」，孩子會聽到什麼呢？他會聽到的是「問題」。

我們再試試看，現在你不要想那個紅色的大象，不要動，不要哭。我們在強化什麼？其實都在後面的那個關鍵字上：「大象」、「動」、「哭」。

把語詞由負轉正

我們要改變負能量的關鍵字，比如把「問題」、「壞」，變成「機會」、「挑戰」和「興奮」相似的詞語。改變了語言，就會改變氛圍環境，孩子的潛意識也會關注更加積極的層面。所以，正面的語言會讓孩子內心有力量，想表達更多。

舉例：

- 這太難了→**這不簡單**
- 媽媽沒錢→**媽媽不富有**

- 我害怕→**我沒有勇氣**
- 我病了→**我不是很健康**
- 太差了→**不太好**
- 別擔心→**你會好的**
- 我忘了→**我記不得了**
- 太難了→**我正在尋找解決的方案**
- 別哭了→**沒關係**

孩子哭了，我們經常會說「別哭了」，但是比起別哭了，「沒關係」能讓孩子更有表達和宣洩情緒的可能。只是一句話的改變，就會改變孩子的感受，他因此願意表達更多內心的想法。

你的每句話都很有力量，對孩子，也對你自己。

如果我們每天睡前內省一下：今天說了哪些負面語言……要提醒自己轉變。當我們愈來愈快覺察自己負面語言的時候，也就愈能不斷使用正面語言，更重要的是，這種潛移默化的語言習慣會影響孩子。

我們的語言，是我們可以給予和接收到的一份禮物，我們一定有能力使自己和孩子對生活和自我的感覺更好，創造更有能量的語言環境。

練習工具

特殊時光的「表達三明治」

以愛的「教育」代替罵的「教訓」

每一個人都有被別人的話語傷害過的體驗，雖然我們很想要溫和而堅定的引導孩子，但也很難保證孩子不會被我們的語言傷害。

看到孩子把花盆裡面的土弄得到處都是；看著孩子拿著紫色畫筆在沙發上亂畫一通；看著孩子把洗衣粉全部倒在陽臺上，還不停踩來踩去……，我想大多數媽媽還是會氣得咆哮：「你看看你在幹嘛！」

孩子也會被吼得一愣，心裡想我只是在玩，媽媽怎麼這麼生氣。正如白天不懂夜的黑，你再好的脾氣也有失去耐心的時候。

所以，每天可以設定一個特殊時光，在這個特殊時光裡，我們和孩子一起做個溝通練習，我把它叫做「表達三明治」，它會讓孩子和我們的關係更融洽，讓孩子感受到我們的愛，孩子的內在環境安全了，表達也就更自由。

具體上該怎麼做呢？

步驟一：說出你喜歡對方哪些地方？或者是你認為對方在哪些地方做得很好？

步驟二：說出你希望發生什麼事，能夠讓你感到被支持？

步驟三：總結感受，向對方表達感激或愛。

比如在睡覺前，我們可以跟孩子說：「媽媽想和你聊聊天，我們來說一說互相喜歡對方的地方吧。」

孩子版的說法：

喜歡媽媽哪些地方？覺得媽媽今天在哪些地方做得很好？（步驟一）

希望媽媽做什麼事情讓你覺得很開心，能支持和鼓勵你？（步驟二）

今天一天我們過得都非常的○○，我愛媽媽。（步驟三）

當這一輪對話做完之後，我們就可以反過來換爸媽說。

父母版的說法：

我喜歡你的這些地方，我覺得你今天在這些地方做得很好。（步驟一）

我希望你能夠○○，這樣能讓我覺得輕鬆一些，這樣我們都會很愉快。（步驟二）

今天我們都過得很○○，也很開心，我愛你，寶貝。（步驟三）

傾訴和互相鼓勵是很好的療癒方式，會讓我們慢慢認識自己。我們愈能認識自己，也就愈有勇氣去表達自己的觀點。

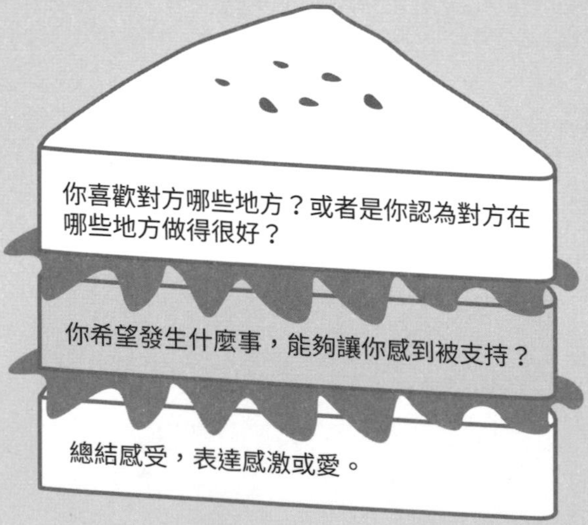
你喜歡對方哪些地方？或者是你認為對方在哪些地方做得很好？
你希望發生什麼事，能夠讓你感到被支持？
總結感受，表達感激或愛。

第3節

觸發孩子「主動社交」的三個方法

一個人的受歡迎度不是天生的，而是可以通過後天學習和訓練獲得的。你需要用符合孩子個性的方式，嘗試跟孩子一起改變，不斷激發他的社交主動性。

——《如何培養受歡迎的孩子》康妮

「感覺我們家孩子不太愛說話，我也不知道跟他該聊些什麼。」我經常聽到家長這樣說。如何和孩子聊天，這的確是一個技術活，在有品質的聊天中，會不斷激發孩子的思考，為孩子的演說積累素材。

怎麼讓孩子能夠主動說說自己的想法呢？

傳球遊戲：你來我往的對話

可樂爸爸在我的家長課堂上說，他有時候和孩子對話感覺很吃力。比如下面這段：

爸爸：「今天幼稚園有什麼好玩的？」

可樂：「沒什麼好玩的。」

爸爸：「那今天中午吃了什麼？」

可樂：「蘿蔔和肉。」

爸爸：「那不錯啊！」

對話戛然而止，爸爸感覺很尷尬，但又不知道如何聊下去。

冷場「句點王」到底哪裡出錯？

好的對話，其實就像一場非常放鬆的沙灘排球，但不止是簡單的來來回回，反反覆覆。任何人都不可以搶球，好的球手知道如何傳球，也會讓對方能夠更方便的接到球。所以，球的掌控技術十分重要。

我們在跟孩子聊天時，常常聊著聊著就「把天聊死」了。如何聊天才能讓孩子表達得更多呢？

美國心理學家詹姆斯．杜布森（James Dobson）提到，訓練孩子跟別人能暢談愉快的好辦法就是：用傳球來做遊戲，訓練「你來我往」的對話能力。「傳球遊戲」是觸發孩子主動社交表達的第一個方法。

《所謂會說話，就是會換位思考》（Her Ladyship's Guide to the Art of Conversation）書中也有類似的觀點：「談話是邀請別人與自己互動，是一次平靜的、平和的情緒或資訊交換。」家長和孩子溝通時，要首先以身作則，每一次跟孩子的聊天要提供有價值的資訊。

比如家長提一個問題：「你喜歡上幼稚園嗎？」

然後家長把球扔給孩子，孩子接過球，如果孩子只是說「喜歡」，那麼球就只能停在孩子手裡了，無法再傳給家長。

但是如果孩子說：「喜歡，因為幼稚園很有趣。我喜歡畫畫和跟別的小朋友一起玩。」那麼，孩子就可以把球再傳給家長。

接下來要跟孩子說的話就很關鍵，家長可以這樣說：「為了把我們的談話繼續下去，我會把球傳給你，並問：『你最喜歡哪個小朋友？』如果你回答：『余飛揚。』那麼你就不能把球傳給我了。但是如果你說：『我喜歡余飛揚，因為他很勇敢，摔倒了都不哭。媽媽妳最喜歡誰？』那麼你就可以把球傳回給我。」

這樣引導孩子能把球傳給家長，是因為孩子在對話中「延伸了更多的資訊」，讓孩子明白這個傳球規則，是為了讓彼此能進行談話，直到這個話題美好結束。這個遊戲的規則簡單，玩幾次孩子就會了。在生活中，家長也要有意識的引導孩子能把球傳回來。

好感話題：開啟溫暖又有趣的對話

第二個方法是提前準備有趣的內容。我們如何開啟一場溫暖又有趣的談話？建議預先準備以下內容：

- 閒置時間，自己真正喜歡做什麼？
- 最近讀了什麼好玩的或令人發笑的東西？
- 孩子做了哪些懵懂的事情？或者做了哪些有趣的事情？
- 假期去哪裡比較好玩？

……

帶著笑容與熱情說話，孩子會學你

只要先想好能表現父母熱情或孩子喜愛的事物，這樣就可以開啟有趣的談話主題了，更重要的是：要將談話重點轉移到孩子身上，鼓勵孩子談論自己感興趣或熱衷的事情，讓聊天的大部分內容都是孩子在談自己。

當家長在侃侃而談時，孩子就會模仿家長。讓孩子準備些有趣的話題也同樣重要，比如「最近有什麼有趣的事情發生」、「去過的一個好玩的地方」、「最喜歡的一個人」等等。

所以，家長想讓孩子成為什麼樣的人，只要家長先成為那樣的人就可以了。

優勢引導：發現「孩子的興趣」就成功了一半

第三種方法是發現孩子的興趣。心理學認為：興趣是一種情緒，而情緒是人類進化出來的一種生存工具。情緒能夠穿過百萬年的進化留下來，一定是因為其中有莫大的好處。

而好的人生，就是在自己熱愛的領域努力的玩。我們通過結合孩子興趣來幫助孩子識字，給識字體驗注入遊戲和快樂，孩子會樂於參與其中，也會對遊戲有掌控感和成就感。

如果配合度一〇〇%，學習效果就可能大於二〇〇%

寬寬三歲時很喜歡超人力霸王打怪獸的遊戲，媽媽就在紙上畫怪獸，每個怪獸身上寫一個字，讓寬寬扮演超人力霸王，如果寬寬說出正確的字就打叉畫掉一個，媽媽就扮演怪獸躺倒在地上。每次寬寬答對了，寬寬打叉一個怪獸，媽媽就立刻倒在地上，寬寬笑得東倒西歪。

寬寬每認識一個字，媽媽就寫到本子上。在積累到一百個字的時候，寬寬很自豪的說：「我認識一百個字了，我要認識一萬個字！」

後來寬寬喜歡上了汽車，媽媽讓寬寬玩各種模型的汽車，並在各種玩具汽車上貼上對應的字——公車、消防車、卡車等等。用各種有創意的方式陪寬寬玩：用汽車蘸上顏料畫畫；根據《汽車總動員》的情節帶孩子做角色扮演；用紙板搭建賽車道，一起玩賽車比賽……

寬寬識字愈來愈多，到三歲半時已經認識了一千個字，還沒上小學，就已經可以自己在書店裡挑書，讀大段落的故事。在生活中看到各種字幕、看板，都試著自己讀出來去理解，這給寬寬的生活帶來極大的便利，同時寬寬認識的字也經常運用在表達中，口頭表達能力變得愈來愈強。

練習工具 「笑臉」和「哭臉」

理解孩子「不喜歡、討厭」的背後需要哪些幫助

如果我們和孩子的聊天環境是自由輕鬆的，孩子就會感覺舒適愉悅，內心力量滿滿，更願意表達自我，不論孩子的表達我們是不是喜歡，都先嘗試著接受，在遊戲中鍛鍊自己和孩子對社交表達的包容度。

給大家推薦一個練習工具：笑臉和哭臉。

第一步：製作準備

我們先各做一張畫著笑臉和哭臉兩種表情的圖卡，並在圖卡上填寫「有一點」、「非常」兩種程度的表現內容，如圖所示。

	有一點	非常

第二步：戲劇表演

接著我們通過表情和動作傳達圖卡上的情緒，孩子可以選擇說：「我不喜歡寫作業，因為……」，或者「我討厭寫作業，因為……」。

第三步：進化升級

我們可以同時做出相應的表情，這時候孩子可以說：「我有一點喜歡寫作業，因為……」，或者「我非常討厭寫作業，因為……」。

最後，我們可以複述孩子說的話，把它記錄下來，便於以後再跟孩子玩小遊戲。

不同的孩子有不同的內心故事，通過孩子的傾訴，眉毛、睫毛和眼皮、嘴角的變化，我們能清楚的讀出孩子內心的細節。我們如果不是全身心的投入去觀察、理解和接納，就不會懂得孩子豐富的情感表達的背後，所藏起來的真正需求。

當我們愈來愈包容孩子的想法時，孩子任何看似不好乃至可怕的感覺，我們都可以試著像對待一顆寶石那樣，看著它們，接納它們，甚至都不分析，只是讓它們自然閃耀著。

讓感覺自然而然的流動，最終，這份感覺會在我們和孩子的內心開花結果。

第4節

孩子不聽話，我們如何「演」和「說」

必須經過一段時間的放「毒」過程，孩子才會柔軟下來。而且在重新和父母親近的那一刻，他們很容易會號啕大哭，甚至在這個時候發出最難聽的咒罵還有身體上的踢打，但隨即會重新撲向父母懷抱。

——《武志紅的心理學課》武志紅

「道高一尺，魔高一丈」的表達愛

「快過來，你這孩子怎麼這麼不聽話，別踩了，全身都濕了。」社區裡一位媽媽一把拉出正在踩小水窪的小男孩，小男孩笑得咯咯咯的，一轉身就掙脫了媽媽的鉗制，又跑去啪嗒啪嗒的踩水，邊踩邊說：「媽媽，好好玩喔！」可是媽媽很著急：「你快回來，再不回來媽媽真的生氣囉。」媽媽想威脅他，可是看上去絲毫不管用。

你愈說，孩子跑得愈快，我們要如何說孩子才肯聽呢？

你的話語裡有「愛」嗎？還是「刺」

美國心理學家馬歇爾・盧森堡（Marshall B. Rosenberg）說：「當語言傾向於忽視人的感受和需要，以致彼此疏遠和傷害時，這種溝通方式，會讓對方難以體會到心中的愛。」想讓孩子聽話之前，我們也並沒有聽孩子的話。

小男孩說：「媽媽，好好玩呀！」可是媽媽拒絕了孩子的需求，只為了解決自己的焦慮，一個勁兒要孩子回來，覺得孩子不懂事，不知道愛乾淨，只知道玩。

如果我們這樣做，孩子會有怎樣的決定呢？孩子會想：原來告訴媽媽真實的想法，媽媽會生氣，沒有關心我的想法和感受，那我也不用理會我的真實想法和感受了。我以後長大了，得愈憤怒、愈暴躁，才能控制其他人。

你會看到，我們和孩子的關注點完全不同：我們重視規則和秩序；孩子關注自我，喜歡玩和想像。

瑞士著名心理學家尚・皮亞傑（Jean Piaget）認為：從幼兒到兒童，孩子通過不同的遊戲來感知和適應外部環境。他把兩歲到七歲這個階段稱為「前運算時期」，又叫做「自我中心時期」。在這個階段，孩子都是從自我的角度去看問題，很難從別人的角度看問題。

這也就不難解釋，為什麼我們反反覆覆說的道理，孩子們會聽不進去，我們說得愈多，孩子愈叛逆，因為他們只聽得進跟自己類似的觀點。如果我們想贏得孩子的合作，該怎樣溝通呢？

一起「玩」——最親密的溝通法

既然「玩」是兒童認知發展的必然階段，我們就用玩的方式和孩子溝通。《逃家小兔》（The Runaway Bunny）中的小兔想要叛逆出逃時，兔子媽媽就用語言捉迷藏的方式和小兔子對話，最終贏得了小兔子的合作。

兔子媽媽都是怎麼和小兔子玩的呢？我們先來看看故事吧：

從前有一隻小兔子，他想要離家出走。

有一天，他對媽媽說：「我要跑走啦！」

「如果你跑走了，」媽媽說：「我就去追你，因為你是我的小寶貝呀！」

小兔說完便開始飛快的跑起來，兔媽媽就在小兔身後的不遠處追著他。小兔一邊跑一邊說：

「如果妳來追我，我就要變成溪裡的小鯉魚，游得遠遠的。」

話剛說完，小兔就變成了一條小鯉魚，在水裡開心的游。

這可難不倒兔媽媽，她說：「如果你變成溪裡的小鯉魚，我就變成捕魚的人去抓你。」

兔媽媽轉身就去準備了捕魚的網子、魚簍、皮靴和小兔最喜歡的魚餌——紅蘿蔔。

小兔又有了一個好主意，他說：「如果妳變成捕魚的人，我就要變成高山上的大石頭，讓妳抓不到我。」他爬上了高高的山，像一個大石頭一樣，一動也不動。

兔媽媽帶上登山包、防曬帽和登山杖。「如果你變成高山上的大石頭，」媽媽說：「我就變成爬山的人，爬到高山上去找你。」

小兔想了又想，不如變成一個小小的東西，媽媽就找不到了。「如果妳變成爬山的人，」小兔說：「我就要變成小花，躲在花園裡。」

「如果你變成小花，我就變成園丁，我還是會找到你。」園丁是照顧花園的人，總是對自己花園裡的花疼愛有加，認識每一朵小花。

「如果妳變成園丁，找到我了，我就要變成小鳥，飛得遠遠的。」小兔又變出了一對翅膀，撲騰幾下翅膀就可以飛得很高很高，「這下媽媽肯定找不到我了！」

「如果你變成小鳥，飛得遠遠的，」媽媽說：「我就變成樹，好讓你飛回家。」

只見小兔飛著飛著，就遇見了一棵兔媽媽樹，這棵樹的樹葉就像兔媽媽一樣，正張開她溫暖的懷抱迎接他回家。

「如果妳變成樹，」小兔說：「我就要變成小帆船，漂得遠遠的。」

……

所以，我們看到了一個重複有韻律的句式：「如果你變成……我就變成……」，這樣一來，孩子會積極的去說出想要變成的新奇事物，跟媽媽來捉迷藏，如果溝通變成了遊戲，孩子就自然喜歡參與。遊戲是化解矛盾、抵達親密關係最有效的方式之一。

當我們和孩子的關係很親密時，你會覺得孩子像是天使一樣，你說什麼他就配合什麼。同樣，孩子感覺被你聆聽、彼此溫柔陪伴，在充滿愛的能量裡，身心都會感覺很愉悅。開篇故事中的媽媽如果能這樣和孩子聊天，在遊戲的對話中就能贏得孩子的合作，也能在表達中鍛鍊了孩子的想像力。

比如，我們可以說：「如果你喜歡踩水，我就變成一雙小雨靴。」

「如果你變成池塘裡的小青蛙，我就變成抓青蛙的人去抓你。」

「如果你變成溪裡的小鯉魚，我就變成小鯉魚喜歡吃的餅乾。」這樣讓孩子也來試試：你會變成什麼呢？

孩子要賴時，用「假設句」來幫忙

孩子愈來愈有主見，我們跟孩子溝通的能力也要提升上去。我發現，讓孩子聽話的祕訣是：我們要做好關係的疏通。在疏通過程中，帶著愛和尊重，孩子就會喜歡和你交流。

比如，你很有可能正在為孩子的洗澡煩惱，因為孩子總是玩水賴著不起來。如果天氣不是太熱，孩子一直在水裡玩，我們擔心孩子會著涼，但是硬抱起來孩子又會哭。我們不想強迫孩子，又想在尊重他的基礎上贏得他的合作，該怎麼辦呢？

「跟隨」孩子或「主導」孩子

心理學家勞倫斯．柯恩（Lawrence J. Cohen）在《遊戲力》（Playful Parenting）裡說到：遊戲力的重點是在「跟隨孩子」和「主導孩子」之間取得一種微妙的平衡。我們可以嘗試用想像的方式跟孩子玩起來：

媽媽：「現在我們來玩你跑我抓的遊戲，你想變成什麼呢？」

孩子：「變成小白兔。」

媽媽：「如果你變成小白兔，媽媽就變成大野狼來抓你。現在你要變成什麼？」

孩子：「變成小青蛙。」

媽媽：「如果你變成小青蛙，媽媽就變成大荷葉，讓你回家。好了，看看媽媽的大荷葉在哪裡，你跳到媽媽的大荷葉上吧。」

接著我們可以拿起浴巾，讓孩子站到浴巾上。

媽媽：「現在我們的小青蛙回家啦。」

當給孩子穿好衣服後，我們可以交換角色，和孩子玩假扮遊戲。

媽媽：「我們交換，你說『如果你變成……我就變成……』，媽媽先開始，我變成大象。」

孩子：「如果妳變成大象，我就變成香蕉讓妳吃飽飽。」

媽媽：「我變成老虎。」

孩子：「如果妳變成老虎，我就變成老虎寶寶陪妳玩。」

……

如果孩子沉浸在玩耍中，不願意走出來，你可以試試這種方法。比如孩子在遊樂園不想回家、在朋友家不想走等等，我們就來個「你跑我抓，假設如何」的遊戲，跟孩子玩角色扮演，讓他按時回家。

你可以為自己的語言配上驚訝興奮的感覺，遊戲會更有趣。當你信任孩子的時候，孩子就會帶給你驚喜。

練習工具

假設選擇輪

讓孩子做主，給他「選擇題」而非應用題

在溝通中，你會發現孩子比較喜歡聽自己的。所以，我們要做的，不是給孩子應用題，而是給他選擇題——就是給孩子有限的選擇，讓他體會自己做主的感覺，也會幫助孩子形成獨立人格。

人生就是由無數個選擇組成的，美好的生活也是一種選擇。人生無奈，但有選擇。和孩子一起製作「選擇輪」，把選擇的權利交給孩子。正面管教課程我也經常會用到選擇輪，在玩選擇輪的過程中，孩子會做出自己的選擇。能夠自己做決定，會讓孩子感覺自己是重要的，有價值的。

製作步驟

工具：兩張不同顏色的圓形卡紙，一個雙腳釘。

第一步：和孩子討論，如果他正玩得開心，媽媽可以變成什麼。

第二步：在第一張卡紙上分割出等分的扇形，把孩子說的答案分別填在扇形裡。

第三步：在第二張卡紙上剪出一個扇形的缺口，覆蓋在第一張卡紙上，在中心點用雙腳釘固定下來，做成一個轉盤。

當孩子洗澡很久都不願意出來，可以把選擇輪拿出來，讓孩子自己轉一轉，說出如果他是○○，媽媽就變成○○，這時再用浴巾包住孩子出來，孩子會很配合。

我們用單一的指令去命令孩子，這是一種偏見，更是粗暴對待生命的方式。當我們從「單一指令」中解脫，能給孩子選擇時，跟孩子交流時的憤怒、沮喪、無助就不見了，取而代之的是尊重與欣賞。這時，我們和孩子交流的不僅是事情本身，更是愛的傳遞。

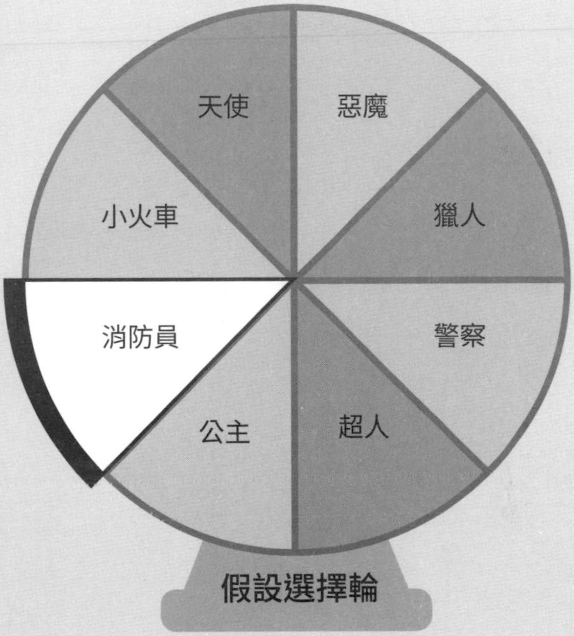

第5節

掌握「加入夥伴當中」的表達技巧，讓孩子更受歡迎

社交性的遊戲，對孩子大腦能力的要求是比較高的，一般兩歲的孩子還沒有這些能力。因此，在四歲之前，非社交類的遊戲是孩子玩得最多的一種遊戲形式。這個時候你孩子自己玩自己的，並不能顯示他害羞，只能說明他正常。

——《Dr.魏的家庭教育寶典》魏坤琳

搶著表達自己時，小松鼠是如何解決問題的？

小貝殼在社區和幾個稍大一點的孩子一起玩。幾個大哥哥用好多石頭在堆砌一座壁壘。小貝殼因為還小，不太懂得遊戲規則，把石頭亂放，大一點的孩子急了：「不是這樣的！你好幼稚！」另一個小男孩甚至直接說：「你走開，我們不跟小孩子玩。」

小貝殼聽到後一愣，不再去抓石頭，呆呆的站在那裡好久，與此同時，這幾個孩子繼續在玩，

小貝殼在游離於周邊一段時間後情緒爆發，「哇」的一聲大哭：「你們為什麼不肯和我玩？」一直在那碎碎念：「你們為什麼不肯和我玩？」然後小貝殼撲到媽媽懷裡哭了：「媽媽，哥哥不跟我玩。」

大哥哥不願意和小貝殼玩，這種做法給了小貝殼強烈的挫敗感，感覺自己被孤立。他用發洩情緒的方式來表達自己的不滿，很顯然這樣的方式並沒有獲得成功。他跑到媽媽的身邊希望得到媽媽的幫助，或者希望媽媽能變成一個「法官」來幫他去融入。

「加入夥伴」、「加為好友」的社交練習

很多孩子也會和小貝殼一樣，缺乏社交技巧，但其實這是孩子社會學習的必要準備。《有準備的教師》（The Intentional Teacher: Choosing the Best Strategies for Young Children's Learning）提及：「根據美國國家社會學習委員會一九八四年的觀點，兒童社會學習的目的是增進對社會的理解，積極有效的參與到社會中去。」

問題是如何加強孩子對社會的理解呢？這就需要孩子學習如何加入「夥伴」關係當中，給夥伴留下好印象了。我們來看看下面的問題，確認孩子是否需要學習社交溝通的技巧：

□ 孩子是否很容易接近一群新認識的孩子？

□ 孩子是否能在談話當中，等待合適的停頓機會再開口？

□ 孩子是否能通過問一個相關的問題，來順利的加入一個談話當中？

□ 孩子是否在說話的時候能直視對方的眼睛？

□ 孩子是否能先停下來，觀察之後再加入夥伴當中？

□ 孩子是否能在夥伴當中順應形勢和諧相處？

上面小貝殼的問題，是在接近其他人的時候沒有先停下來，觀察哥哥們玩的規律再加入遊戲。社交能力強的孩子可以通過觀察對方的反應，來調整自己的社交行為。

等待或創造時機，選擇權在你

關於如何加入夥伴當中，推薦給大家一本繪本《不是那樣，是這樣的》（¡Así fue! ¡No, fue así! ¡No, así!）：

森林裡發生了一段小風波：建了一半的高塔突然倒了，獾的腿被咬了一口，熊也跑了過來……爭吵讓原本好好的遊戲中斷了，獾、狐狸、熊都來講述事情的經過，可是他們說的卻都不一樣。最後站在樹上，旁觀到一切的松鼠來說公道話了，但這個公道話讓三隻動物都不買帳，因為照松鼠這麼講，他們三個都有錯。最終，松鼠不理他們了，嘟嘟囔囔的扔下一句：「你們應該好好聽一聽對方的話，才能互相理解。」

其實松鼠並沒有放棄，而是去開啟一個新的遊戲，爭吵的三個小夥伴不再吵了，加入了新遊戲中。

故事裡的獾、狐狸、熊在爭吵的時候，說得最多的一句話就是：「不是那樣，是這樣的」，這簡直就是孩子的翻版，孩子會不自覺的代入故事的情境當中，因為這就是孩子在吵架時常常會用到的句子。

可是如果每個孩子都急於表達想法，這些想法又不能統一，該如何玩在一起呢？我們來看看小松鼠的參與方式，小松鼠先在樹上觀察了整個過程，接著解釋過程，可是小夥伴們都不聽，還嫌她多管閒事，小松鼠於是開始搬石頭修築水壩，小夥伴們覺得新遊戲很好玩，都加入進來。

我們從繪本中可以引導孩子，在想加入別人的遊戲時，別太著急，先等待、觀察、傾聽，接著可以找一個看起來比較開放和友好的小朋友說說話，也可以什麼都不說，只是跟大家一起，也可以問：「我能一起玩嗎？」沒有必要一定要自我介紹，那樣反而給孩子們帶來干擾。孩子會通過一起玩遊戲，慢慢熟悉起來，再互相了解各自叫什麼名字。

加入小夥伴當中並不總是一帆風順，繪本《不是那樣，是這樣的》中的小松鼠，和文章開頭的小貝殼一樣沒有很順利，只是小松鼠找到一個玩新遊戲的方法。是不是在遇到社交困難時，都需要想一個新點子呢？也不全是。

《人見人愛是教出來的》（Raise Your Child's Social IQ）提到，給別人留下好印象的方式需要「自我覺察」，也就是說把自己的節奏調整得慢一些，這樣才會理解別人的看法。書中提醒孩子給別人留下良好第一印象的三個原則是：保持冷靜、等待機會、順應形勢。即使被別人拒絕也沒關係，保持冷靜，除了找機會加入別人，也可以自己開始一個新遊戲。

學會「提問」：打破社交僵局的聰明辦法

高寬課程《有準備的教師》中說道：「在社會性學習領域，兒童發起的互動，對其發展集體意識、進行合作遊戲、認識到多樣性以及發展道德行為等非常重要，但在處理衝突、制定和遵守規則、參與民主方面，兒童則需要成人的指導。」也就是說，孩子和同伴們一起玩耍，是在發展他的社會性學習，但是孩子在參與和衝突中運用到的社交技巧，是我們需要引導的。

察言觀色，掌握情勢再切入

我們需要幫助孩子去練習在遇到社交障礙的時候，如何溝通，打破僵局。我們看到《不是那樣，是這樣的》繪本中小松鼠的方式，是建議大家先聽聽彼此在說什麼，所以，我們首先要引導的不是孩子怎麼說，而是「如何聽」。

聽對方表達的含義，看對方的表情和動作，了解對方想表達的意思和遊戲規則……在仔細觀察後可以和孩子一起腦力激盪：如果這個時候要加入遊戲，應該怎麼提問會容易被對方接受呢？比如：「我可以一起玩嗎？」、「你們在玩什麼遊戲呀？」、「我也想一起〇〇，可以嗎？」

同時孩子也會面臨被拒絕的情形，這時候我們需要引導孩子告訴自己：「好吧，下次再試試看」，可以選擇觀看，也可以選擇走開，找別的小朋友玩。對孩子來說，他隨時有選擇的權利。

不管是否被拒絕，孩子只要感受到自己是有選擇的，就依然會有自信，因為不管外面的環境如何，自己是可以掌控自己的行為的。他自己就是「問題的解決者」，感受到這一點，他的信心會重新建構，並且這種潛意識，會不自覺的影響孩子未來的社交意願，讓他內心的力量更堅實。

〔微案例〕「開抓囉～」順利被友善

社區遊樂場裡一群孩子正在玩「抓人」的遊戲，樂樂想參加進去。可是這時候孩子們正在瘋跑，誰也沒有注意到樂樂。樂樂就在一旁看著，也不敢輕易上前，怕被拒絕。等到一個孩子跑不動了，在她身邊停下來休息時，樂樂終於鼓起勇氣說：「我也想一起玩抓人，可以嗎？」

那個孩子說：「好，你去抓他們吧，別抓我，我休息一下。」樂樂一聽開心極了，表情瞬間像綻放的小紅花一樣。「抓囉」，樂樂開始加入孩子們的抓人遊戲當中。

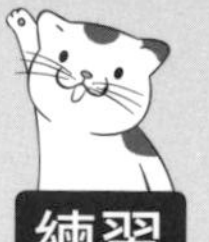

練習工具

角色扮演大風吹

藉遊戲磨練孩子「社交技巧」與「受挫力」

正如皮亞傑兒童發展理論說的那樣：孩子是以自我為中心的，他們以非常自我的觀點來看世界。所以只有擁有「經驗」的孩子，才會逐漸知道還會有其他的觀點，這種經驗，孩子不是靠被說教來習得，而是通過遊戲的討論，清楚的表達他們的想法，並且聆聽其他人的觀點而習得。

所以在和孩子玩角色扮演時，專注於那些會引起麻煩的場景，再和孩子一起討論解決辦法。

第一輪是家長先做示範，第二輪才輪到孩子體會和感受。

第一輪：規則說明與模擬

第一步：設定場景。跟孩子說現在是在幼稚園下課時間，有幾個小朋友在踢球，扮演孩子的媽媽想加入進去，孩子和爸爸扮演其他的小朋友。

第二步：清晰的示範步驟。「孩子」先默默的在旁邊站一會兒，聽聽其他孩子們都在說什麼。等球被踢到附近，把球順勢踢回去，問扮演其他小朋友的孩子：「我可以一起玩嗎？」

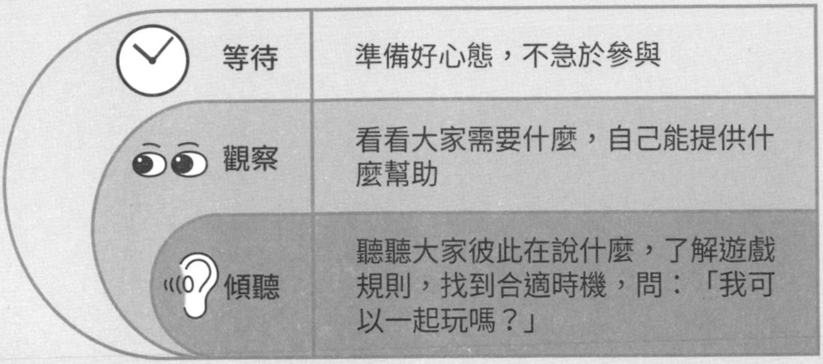
等待
準備好心態，不急於參與
觀察
看看大家需要什麼，自己能提供什麼幫助
傾聽
聽聽大家彼此在說什麼，了解遊戲規則，找到合適時機，問：「我可以一起玩嗎？」

讓孩子說：「不行，妳不可以玩。」

「孩子」被拒絕後，對自己說：「好吧，那下次再試試看吧。」

於是就去找別的孩子玩了。

第三步：省察問題與解決方法。跟孩子討論剛才媽媽所做的步驟，每一步都發生了什麼，媽媽是如何處理的。

第二輪：讓孩子練習社交技巧

重要的是讓孩子在角色扮演前了解每個步驟，如果對方是友善的，孩子可以複習一下家長的回應方式；如果對方是拒絕的，孩子更要複習家長的方式，並練習處理被拒絕的情況。

最後，一定要有正面的回饋。比如：「媽媽喜歡你用冷靜、清晰的語言來表達你的想法」，「爸爸看到你被拒絕後，自己一個人去玩了，這也很好」，「下次和朋友溝通的時候，可以面帶微笑，眼睛看著別人說」等等。

要相信孩子，他們沒有我們想的那麼脆弱，讓他積極參與，也能勇敢的面對拒絕。心理學家鮑里斯．西迪斯（Boris Sidis）說：人如同陶瓷器一樣，幼兒期就好比製造陶瓷器的黏土，給予什麼樣的教育就會成為什麼樣的雛形。

我們教這個教那個，不如多教他社交技能。因為對很多孩子來說，最難的就是面對社交方面的挑戰。不是所有的孩子都能這麼幸運，有能力來訓練自己的社交技能，在父母的協助下，擁有良好的社交技能，將會讓孩子在演說中更有自信展現自己。

第6節

解決同伴衝突，從學會表達自己開始

衝突能夠幫助人們去尋找解決方法。衝突可以幫助人們彼此聯繫。那些介入衝突以及旁觀的兒童，常喜歡一起尋找對每個人都起作用的解決方法。當衝突調解開始時，其他兒童常聚集在四周，渴望聆聽，抑或幫助解決問題。一旦成人對兒童的問題解決技能充滿信心，他們常會從兒童認真的反應中發現極大的快樂。

——《你不能參加我的生日聚會》（You Can't Come to My Birthday Party）
貝琪・埃文斯（Betsy Evans）

幫助孩子「了解」自己，並「準確表達」自己

我曾經考察過一個幼稚園，在徵得園長的同意後，在幼稚園聽了一天的課，課上講了什麼已經印象不深了，但是其中兩個孩子的戰爭卻令我難忘。

莉莉和天天兩人都幫老師收拾玩具，收拾到最後一塊大的海綿積木，兩人都想由自己還給老

師，莉莉大聲說：「是我先拿到的。」天天急忙搶過來，用手向後推莉莉：「不是，是我！」莉莉沒站住，「砰」的一聲坐在地板上。

莉莉比較大，一下子爬起來，什麼話也沒說，動手就在天天的頭上打了一巴掌，天天覺得一陣火辣辣的痛，立刻委屈的哭了起來：「老師，她打我，我要跟我媽媽說。」老師當時正在忙別的，聽到天天哭了，趕緊跑過來了解情況。

等問了莉莉和天天兩個人的情況後，老師做了一個決定：「你們倆都不要收積木了，積木老師來收。」兩個孩子的情緒被憋住了，這下子誰都沒得玩了。兩個孩子互相埋怨：「都怪你」、「怪你才對」、「我再也不跟你玩了」、「我才不想跟你玩呢」。於是，兩個孩子各玩各的。表面上一場「熱戰」結束了，實際上，漫長的「冷戰」已經開始了。

身體表達也需要教育

孩子的語言表達能力有限，在衝突中，很難清楚的表達自己的感受和需求，大都用身體來表達感受，比如用打、搶、尖叫、哭來表示沮喪和憤怒。正如我們學習一門外語需要時間，孩子也需要時間來學習用恰當的詞語表達自己。

這時候最重要的，是去幫助孩子培養解決問題的能力，而不是懲罰。雖然孩子在兩歲多已經有了共情能力，但是依然以自我為中心，而且在強烈的需求和情緒下，只會關注自己。所以，孩子需要我們的支援，才能去關注和應對別人的感受。

當我們認可、關注並說出孩子感受的時候，我們就支持了孩子的自我意識，進而也支持了孩子對他人的感受和需要的意識。我們應該如何引導呢？從孩子喜歡的繪本開始。

《手不是用來打人的》（Hands Are Not for Hitting）是一本幫助孩子了解自己的繪本。孩子會發現生氣的時候就想要用手打人，但是手是有很多用途的，就像這本繪本結尾說的：「手是用來幫助人、照顧人的；手是用來保護你的健康和安全的；手是用來與他人友好相處、表達愛的……」

當我們能夠照顧自己的情緒，就能讓手去做很多有意義的事情。這本書的作者馬汀妮・愛格西（Martine Agassi）是一位獲獎的兒童作家，創作了《手不是用來打人的》這本書，它啟發 Free Spirit 出版社出版了《教出好孩子成長系列》讀物。

做為一個行為治療師，馬汀妮・愛格西在學校、社區、看護院以及私人診所，負責過兒童和家庭事務諮詢，有著豐富的經驗，所以這本繪本在幫助孩子調整不良行為的引導上，能有著場景化的借鑒意義。

讓「小火山」變冷靜的魔法語言

《手不是用來打人的》在一開始告訴孩子手的樣子和功能：手有大有小，形狀不同，顏色也不太一樣。用手可以做很多事情。比如，伸出你的手，與人握手說說話；揮揮你的手，跟人問好，打招呼；你還可以用你的手畫畫或寫字。但是，有些事，手可不能做。手不能用來打人，因為打人是不友好的行為。

繪本中提示讀者思考：打人會給別人帶來什麼呢？打人不僅會傷害別人的身體，還會傷害別人的感情。打人後請這麼說：「我很抱歉。」那麼，為什麼人們會打人呢？因為有時候他們感到傷心：彼得從來不和我玩。有時候他們感到嫉妒：我想要那個玩具！有時候他們感到害怕：那個老是欺負我的孩子過來了……有時候他們感到生氣：我不喜歡姐姐拿走我的東西！還有的時候，沒有任何原因，有的人就是喜歡對別人指手畫腳。

你是否也會有這樣的感覺？有時候很想打人。但手不是用來打人的。你可以通過其他方式來表達自己的感情。比如：吹口琴、做手工、畫畫、跳彈跳床、抱抱你的枕頭、聽聽音樂。當然，我們還可以用語言來表達。你還能想到更多表達自己情緒的方法嗎？

當與朋友發生爭執時，該怎麼辦呢？可以試著理解朋友的感受，朋友也可以試著理解你的感受，你們可以想辦法正確的處理問題。

讀完這本繪本，孩子會發現：手之所以打人是因為感受不好，比如感到害怕、焦慮、失望、憤怒等，就想打人了。當孩子有這些壞情緒的時候，該如何照顧自己呢？

「我」式陳述：不帶攻擊性的積極表達

孩子只有被溫柔的對待過，他才會溫柔的對待別人。所以在孩子有壞情緒的時候，我們是否能夠接住孩子的情緒，幫助他表達，成為解決問題的關鍵。

我們可以回想一下，當孩子有負面情緒的時候，我們是怎麼對待他的？比如說，在上述案例中莉莉打人的時候，我們通常會說：「妳怎麼可以打人呢？妳打他，他會很痛！妳怎麼能這樣做呢？」

不是針對「你」，是針對「事」

大多數的詢問和溝通，都是以「你」來開頭，我們稱做「你」式表達。無論是誰使用「你」式表達，都會導致責備的口吻，會讓孩子產生更強烈的情緒，孩子也不願意聽你的話，因為他會感覺受傷，覺得你是在攻擊他，這會讓孩子跟我們的距離愈來愈遠。

如果用逆向思維，反過來用「我」式陳述，會讓孩子有什麼樣的感受呢？我們先來看看如何用「我」式陳述：

「我」式陳述：我感到＿＿＿＿＿＿（對情緒命名），因為＿＿＿＿＿＿（描述行為或原因，但不使用「你」）。

比如：我感到生氣，因為打人會帶來傷害。我感到害怕，因為跑到馬路邊是很危險的。我感到傷心，因為玩具被弄壞了。

我們看到在陳述行為的時候，沒有說：「因為你打人會受到傷害」、「因為你跑到馬路邊很危險」、「因為你把玩具弄壞了」等等，這樣說，會讓孩子感覺我們把矛頭指向他，在指責他的錯誤；而如果我們只是描述這樣的行為，會讓孩子覺得這樣的行為是不正確的，而不是針對他。

這樣做孩子的感受完全不同，他能感覺到被我們尊重、被我們理解、被我們接納。孩子的情緒被我們接納之後，會慢慢地平復下來，這個時候衝突調節就可以開始了。

《你不能參加我的生日聚會》中提到：「在『我』式陳述之後，如果成人或兒童需要更多時間才能平靜下來，就可以給兒童提供一定的選擇，包括去冷靜區。」為什麼是有限的選擇呢？因為選擇太多反而會擾亂孩子的心。

這些有限的選擇，可以澄清下一步需要做什麼，孩子會明白在自己逐漸平靜的過程中，或在我們平靜的過程中可以做什麼。所以，給孩子一些有限的選擇，會幫助孩子持續地感受到自己的控制權，有助於孩子更積極地協助解決問題。

〔微案例〕享有「控制感」能治癒壞情緒

- **有限的選擇可以這樣提出：**「莉莉，我感到很擔心，因為打人會受到傷害，是不安全的行為。妳可以選擇去玩積木，還可以找妳喜歡的書看一看，妳想怎樣做呢？」、「天天，我感到有點沮喪，因為積木還散在地板上，你可以一個人來完成收拾積木這項工作，還是要請別人來幫你？」

- **給時間讓孩子冷靜下來可以這麼說**：「莉莉，現在有什麼方法能夠讓妳感覺舒服一點呢？」、「天天，你真的真的很生氣。也許現在你需要冷靜一下。你想去哪裡冷靜一下呢？書房還是客廳？當你更平靜些時，我們一起解決問題。」
- **當我們自己需要時間冷靜時**：「莉莉，我很生氣，因為打人會受到傷害，是不安全的行為。妳可以去書房或客廳，當我更平靜些時，我們再來聊聊這件事。」、「天天，我真的很難過，因為這本書被撕破了。你是選擇去拼圖還是去玩小汽車？當我更平靜時，我們來討論怎麼辦。」

孩子憤怒、沮喪、生氣的時候，行為很可能會失去控制。幫助他們照顧自己情緒的最好方法，就是給他們一個選擇的途徑，使他們能重新回到「享有控制」的狀態，有掌控感。一旦孩子覺得自己是有選擇的時候，他會感受到被尊重，壞情緒會慢慢好起來。

當我們以身作則的時候，孩子也會用同樣的方式與同伴溝通。孩子會學著使用「我很生氣，因為積木被搶了」這樣的「我」式陳述，不怪罪別人，學會在有強烈情感的時候積極的表達，這對孩子之間的關係緩和會有很大的幫助。

如果孩子真的在有情緒的時候打了對方，我們可以提醒孩子手的作用，讓孩子想想手可以做些什麼，和孩子玩個「小手公約」的遊戲，孩子會印象更深刻。

練習工具

打勾勾「小手公約」

和孩子一起制定規則，賦予「控制感」與「責任心」

我們可以邀請孩子共同制定「小手公約」，一起想一想手能做什麼，不能做什麼，並把自己的想法畫下來。跟孩子這樣討論的原因是：孩子會更喜歡參與並遵守「共同」制定的規則。那麼，「小手公約」如何制定呢？

- **第一步**：讓孩子比照自己的手，在彩色卡片上畫出手的形狀，用剪刀剪下來。
- **第二步**：我們可以邀請孩子一起想一想：手能做什麼，不能做什麼，並把自己的想法畫下來。
- **第三步**：如果一張「小手」的卡紙畫不下，可以再畫一張。讓孩子決定把「小手公約」的卡紙貼在哪，讓小手來提示我們可以做些什麼。

正面強化手的作用，比提醒不要打人要好得多，正

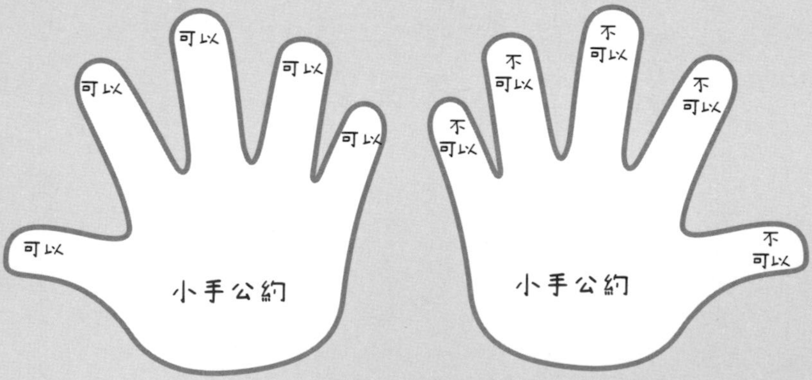

如我們引導孩子在強烈的情緒中，把注意力放在「積極表達自己」一樣。在孩子之間的大部分衝突裡，他們往往都希望自己控制局面，對「選擇權」和「控制感」的需要是每個人的天性。而當孩子探索有關控制權和友誼的時候，他們更能夠理解朋友意味著什麼。

我們不能強迫孩子去交朋友，如同我們不能強迫孩子分享一樣。在一次次的同伴衝突和問題解決中，孩子的社交技能也得到了提升。我們需要做的，只是把孩子的選擇權還給孩子，讓他學會為自己的生活做決定。

KEY

4

「炒熱氣氛＋自信UP」加分神器：道具、儀式感、肢體語言

故事裡有你我、有鉤子：立即引起共鳴的演說技巧

一個會演說的孩子，不在於他演說得有多流利，
而是在於他能用演說作為一個支點，撬動他所有的關鍵資源。

第1節

活用「肢體語言」：不再怯場，更能自信控場

溝通的效果，音量、音質、語速、節奏等聲音要素占三八％，眼神、表情、動作等形象因素所占的比例則高達五五％。

——奧地利心理學家　阿爾弗雷德・阿德勒（Alfred Adler）

在溝通中，眼神、表情、動作等「形象因素」是最重要的，甚至大於談話的內容。

試想一下，我們自己在演說前都會呼吸急促、雙手攥拳，緊張得手心都出汗了，甚至為了排除緊張感要去上洗手間，可是在洗手間看到鏡子裡的自己，全身又開始緊繃了。到了臺上還能感受到雙腿微微發抖，面對臺下一道道注視的目光，腦中一片空白。連大人在演說時都會緊張成這樣，就更別提缺乏經驗的孩子了。

如何幫助孩子在臺上更自信地表達想法、提高演說感染力呢？

一位專業的演說者帕爾默先生總結了 PVLEGS 原則，幫助孩子自如應對各種場合的演說，自

信地表達自己。

PVLEGS 原則包含六項內容：

- **Poise（姿態）**：鎮定而自信的站姿
- **Voice（聲音）**：讓人能聽清楚、聽到感情
- **Life（生命力）**：飽含熱情的氣氛營造
- **Eye Contact（眼神交流）**：與每位聽者視線互動
- **Gestures（動作）**：加強內容的手勢、肢體動作
- **Speed（速度）**：控制語速和步調

我們就從這六條原則著手，來打造孩子的演說感染力。

Poise：大樹紮根——**「穩定」而「放鬆」的面對全場**

我們首先需要了解孩子緊張的具體表現有哪些，然後通過不斷的練習和訓練來擺脫它們。比如會低頭、身體發抖、站著晃來晃去等等。根據孩子的表現，讓孩子有意識的控制演講時的肢體動作。

如果孩子的姿勢給人不自信的感覺，其實是可以調整的。演說一般都是站著，孩子由於緊張會無意識的雙腿緊貼在一起，站得像士兵一樣，這樣站就會讓觀眾感覺不自然。

引導孩子要關注腳底的力量，雙腿適當分開，想像自己是一棵「紮根於土地的大樹」，腳底要非常有力量，從腳底生出了無數的根，深深的紮進土地。無論怎麼走動，雙腳都要在地上生根，甚至進一步聯想：讓腳底的根遍布整個演說的會場。站成一棵紮根於土地的大樹模樣，會讓孩子看起來有精神，身體呈現出來的狀態也會改變聲音，讓觀眾感受到誠意。

Voice：《嗨唷歌》的方式——駕馭聲音的「情緒」與「立體感」

畫家在畫立體畫時，會先用比較淡的顏色去勾勒，然後用深顏色去填充，這樣畫面的效果會很飽滿，強弱呼應，有立體感。如果只是淡淡的顏色，會給人感覺沒有力量；如果全是厚重的筆墨，給人的感覺就會很粗獷，沒有變化。

聲音也是一樣，好的演說應該是抑揚頓挫、高低起伏，語氣會在某處加重，也會在某處減弱，這樣才會有立體感，會有吸引力。如果沒有抑揚頓挫，就像用濃淡界限不明的筆墨畫畫，毫無生機，讓人沒有興致。

馬丁．紐曼（Martin Newman）在《演講的本質》裡提到這樣一個小技巧，我們可以引導孩子練習，他建議可以學習白雪公主故事裡的七個小矮人，工作時唱《嗨唷歌》的方式——從高音到低音，再從低音到高音。

孩子在演說前練習的時候，也可以採用這樣的方法反覆練習每一句話，或者練習自我介紹的部分。這種方法可能剛開始練習聽上去很奇怪，但是可以加強孩子對音調的控制。

而對於重點的詞語或者句子，更要著重去強調，才會讓人印象深刻。瀧川雅美是日本著名的女主播，她做了一場演說，內容是關於二〇一二年日本申辦奧運。在演說的最後，她的一句「盛情款待」入選二〇一三年日本的流行語大獎。

她是怎麼做到的呢？她在說這四個字的時候，一個字一個字的慢慢說，就像教小朋友一樣，在每一個音節之間都停頓，最後再把整個詞重複說一遍，她這樣說完後，幾乎所有人對「盛情款待」的印象都極為深刻。

在孩子演說需要強調的地方，我們也要引導孩子「放慢語速、加重音量，甚至適當的重複」來加深觀眾的印象。

Life：飽含熱情——開展自我，誠懇的「互動邀請」

說到有生命力的演說，我們會想到約伯斯在斯坦福的演說，會想到馬丁·路德·金「我有一個夢想」的演說，會想到俞敏洪「在絕望中尋找希望」的演說，這些演說都有的一個特點：講自己的故事。

演說不是說話，必須很有力量才能打動觀眾。西元前二〇八〇年前後，古埃及一位法老告誡準備繼承王位的兒子麥雷卡說：「當一個雄辯的演講家，你才能成為一個堅強的人。舌頭是把利劍，演講比打仗更有威力。」

想要觸動別人，先得觸動自己，通過親身經歷，讓觀眾對自己的故事感同身受，直指人心。如果孩子在說自己的故事，就能感受到故事裡蘊含的情感，那麼孩子眉眼之間的神情，就可以把故事中的情緒自然地傳遞出去。

怎麼引導孩子講自己的故事呢？安奈特．西蒙斯（Annette Simmons）在《說故事的力量》（The Story Factor）裡，提到提升自己影響力的六大類故事：

1. **「我是誰」的故事：**主要幫助孩子展開、分享私底下不為人知的一面。
2. **「我為何而來」的故事：**引導孩子學會跟聽眾建立信任關係，讓聽眾認同孩子的想法。
3. **「願景」的故事：**每個孩子都有夢想，引導孩子說說自己的行為對別人的價值，讓別人和自己擁有相同的憧憬，這樣孩子的努力才會更有價值。
4. **「授人以漁」的故事：**教育家柏拉圖經常利用講故事的方式，來啟發學生的思考，在孩子的故事中把「你該如何思考這個問題」和「你該從這個問題中得到什麼樣的啟發」兩方面結合起來，可以讓人不僅知其然，也能知其所以然。孩子也可以在演說中借鑑，當自己在講故事、教方法的時候，也要說說聽眾了解後會有什麼用處，這是「用戶思維」的表達。
5. **「行動價值」的故事：**讓孩子通過講述親身經歷的故事，傳遞出一種價值。
6. **「我知道你們在想什麼」的故事：**讓孩子在演說前做一些必要的準備工作，比如事先了解聽眾的興趣和需求，在故事中加入聽眾的興趣點和疑惑，這樣不僅能讓聽眾信服，更是一種深層次的尊重，因為展現了孩子對聽眾的關注和興趣。

Eye Contact：蜜蜂採蜜——和聽眾「眼神接觸」與「眼神控制」

很多孩子上臺演說時，眼睛不知道看哪，一旦和聽眾對上眼神，腦子會暫時短路，想不起要講什麼了。即使如此，我們也要讓孩子知道：一定要與聽眾進行眼神接觸。不僅要「眼神接觸」，還要「眼神控制」。

有的孩子在演說的時候會很累，因為孩子們總是試圖和每一位聽眾進行眼神接觸。有的孩子會滿場掃視，沒有焦點，感覺很茫然、也不自信。

如何做到眼神控制呢？引導孩子想像自己的眼神，像是一隻蜜蜂採蜜一樣，和聽眾進行眼神接觸。蜜蜂一般會先選擇一朵花，然後飛過去，在那朵花上停留一會兒，採好花蜜之後再飛到另一朵花上，就這樣鎖定幾個人，主要是和兒童聽眾保持眼神接觸。

讓孩子用蜜蜂採蜜的方式來控制自己的眼神，將眼神專注在幾個人身上，對方會感受到演說者的真誠和關注，然後再將眼神慢慢轉移向其他聽眾。

Gestures：傳遞狀態——「表情、手勢、身體」的輔助語言

在演說過程中，「動作」其實透露了一切。《說故事的力量》中提到：「在開始講故事之前，如果你身體往後靠，目光下垂，搓著手，努著嘴，然後望向遠方，當你收回目光，準備開講的時候，聽眾們已經準備聽一個嚴肅的故事了。如果你跳上講臺，拍著手掌，身體前傾，聽眾們理所當然的認為你會講一個充滿活力和熱情的故事。」

如果孩子不知道怎麼去做動作，我們可以帶孩子去看一些優秀演說者的視頻，讓孩子了解到：一流演說者是如何運用「肢體語言」來表達自己的，手勢怎樣變化，面部有哪些表情，身體動作又有哪些，再刻意去練習。

比如馬雲的演說就特別有熱情。德國肢體語言專家烏爾裡希．索羅曼（Ulrich Sollmann）認為：馬雲的穿著、舉止和言談，讓孩子看起來就像一個鄰居，非常親切。索羅曼還認為：馬雲能夠巧妙的使用一些手勢來展現開放、親切的形象，比如，喜歡雙手張開，手心朝上；喜歡豎起大拇指，同時面帶微笑，總是毫不吝嗇的調動所有的肢體，展現出最理想的形象。

經過刻意練習後，孩子可以根據自己的演說內容，提前設計「肢體語言計畫」，因為動作能影響聽眾，激發聽眾的思考，也可以和聽眾互動，邀請聽眾一起來做動作，這樣更有利於資訊的傳播。

Speed：控制步調——巧用「語速、停頓、留白」抓住好奇心

孩子原本準備了五分鐘的演說內容，可是因為緊張，說話愈來愈快，結果三分多鐘就結束了，給聽眾也造成了語速過快的印象。《演講的本質》中提到：「控制聲音的各個要素，並富於變化，就能有效的吸引聽眾的注意力。」

我們可以引導孩子在演說過程中，恰當的變換語調，控制氣息的輕重，也可以在合適的時候「突然放慢或者加快」語速，以此吸引聽眾，或者用刻意「停頓」來引起聽眾的好奇和思考。比如孩子原本要說：「今天準備了一個驚喜，帶了一個禮物送給大家。」建議嘗試用停頓的方式表達這句話：「今晚準備了一個驚喜——帶了一個禮物——送給大家。」

破折號表示停頓處，在孩子說關鍵字之前停頓一下，以此吸引聽眾的注意力，使關鍵資訊得到強調。停頓的時候，聽眾便會好奇後面要說什麼，這確實是吸引聽眾的好辦法。如果孩子學會技巧的用「停頓」來「製造懸念」，就會牢牢抓住聽眾的好奇心。

練習工具

肢體語言清單

六項指標，觀察孩子的優勢與加強點

在孩子每一次練習演說時，我們可以做一份「肢體語言清單」，讓孩子看到有哪些肢體語言自己可以用得很好，哪些肢體語言需要加強。

在孩子演說之後，我們可以和孩子一起討論，讓孩子自己先說說對六項肢體語言的感受，最後我們再加一些建議，幫助孩子不斷提升。

六種肢體語言實踐清單

肢體語言	進步	需要加強
姿態		
聲音		
生命力		
眼神交流		
動作		
速度		
參訪活動		

第2節

「帶入感」練習：什麼臺詞都能一秒入戲

進入「假想遊戲」，是孩子成長過程中最重要的飛躍之一。

——心理學家　史丹利・葛林斯班（Stanley Greenspan）

「戲精」媽媽必備技能——生活劇天天開麥拉！

老師說：「樂樂，你喜歡的睡衣是什麼樣子的呢？」

四歲的樂樂眼神四處遊移，在媽媽懷裡扭來扭去，就是不看老師。

老師看著樂樂，等待樂樂回答：「樂樂，你跟大家說說看好嗎？」

樂樂急了，直推媽媽手臂：「媽媽，妳說。」

樂樂媽媽說：「老師要你說呢，你告訴大家昨晚你穿了什麼樣的睡衣啊？」

樂樂說：「嗯……嗯……有小熊的。」

大家終於舒了一口氣，樂樂終於說了。

你不只是導演，也是孩子的搭檔和觀眾

緊張是困擾孩子當眾表達的最大障礙。我們希望孩子在公眾面前大方自然的表達自己的想法，甚至表達得幽默風趣一些，但是孩子由於緊張而面無表情、動作僵硬，影響了正常發揮，該怎樣讓孩子放輕鬆一些呢？

答案是：演起來。

經常「入戲」的孩子，在表達甚至演說時會比較放鬆，因為平日裡常常做戲劇化的動作和表情，到臨場時，肢體動作和面部表情就不至於太過緊張僵硬。入戲的狀態，可以幫助孩子形成掌控感和成就感，我們要做的就是盡力幫助孩子一次又一次成功。

生活是舞臺，帶孩子「隨時入戲」是家長的必備技能。你是孩子最好的導演、搭檔和觀眾。可是現實是：我們只記得自己是個導演，要求孩子晚上到了九點就必須睡覺；看卡通只能看兩集，即使孩子撇嘴哭，也狠下心的說：「只能看兩集」；孩子不想刷牙，我們重複：「必須刷牙，不然明天不能吃好料」……各種威逼利誘讓孩子聽我們的命令。

我們是孩子生活裡的大王，孩子是小兵，一會兒被我們命令做這個，一會兒被要求遵守那個，這樣的孩子怎麼會擁有表達的自由？

必要時就「推」孩子一把

孩子的確需要按時睡覺、刷牙、吃飯，但是有時也需要擁有主導權，需要扮演更為有力量的角色，孩子們有時候需要父母來當小兵、觀眾、演員。《遊戲力》裡提到：「當孩子面對無力感時，常常會主動發起角色置換的遊戲」。

葉子媽媽帶五歲的葉子去中式餐廳吃早飯，上午九點半排隊的人就一、兩個，葉子媽媽一看，鍛鍊葉子表達的機會到了。她找個離櫃台近的桌子坐了下來，說：「葉子，媽媽頭有點暈，要在這休息一下，你去跟阿姨說四個包子吧。」說完扶著頭，手撐在桌子上，一副虛弱動不了的樣子。

葉子很為難，一臉愁容：「我不敢去，媽媽妳去。」媽媽就知道葉子會這樣，於是接著演：「葉子你摸摸媽媽的頭，媽媽暈得厲害，媽媽需要你的幫忙。」葉子看著媽媽「虛弱」的樣子，想幫媽媽，又不敢跟服務生阿姨說話，就一直站在離媽媽兩、三步的地方，左右為難，一直看著媽媽。

葉子媽媽從口袋掏出十塊錢，遞給葉子，為了演得逼真，手還微微顫抖：「你把錢給阿姨，說買四個包子就行了，去吧，勇敢點。」當孩子在想要行動的臨界點猶豫不決時，就需要我們的輕推助力。

葉子看媽媽這麼難受，接過錢，走到櫃檯前，一看到服務生，卻又不敢說話了。服務生阿姨熱情的問：「小朋友，你要什麼呀？」葉子小聲嘀咕：「四個包子。」服務生阿姨：「好，四個包子十塊錢。」葉子趕忙把錢給她。服務生阿姨一邊收錢一邊說：「小朋友這麼小就自己買東西啊，真勇敢。」葉子沒說話，拚命忍住被誇獎的開心。買完之後，飛一般的跑到媽媽面前，激動的說：

「媽媽媽媽，剛才那個阿姨說我勇敢，這麼小就自己買東西。」

葉子媽媽在位子上已經看到了全部，但還是很配合的裝做很驚訝的樣子：「真的啊，葉子這麼受人歡迎，都是因為葉子好勇敢。媽媽也很感謝葉子，雖然葉子跟阿姨說話有點害怕，但還是戰勝困難幫助了媽媽，葉子真棒。」說完親親葉子的小臉，葉子的小臉美成了一朵花，整個吃飯過程興奮的講個不停。

角色置換，合理的提出建議，適當的時候給孩子助力，會讓孩子克服恐懼和緊張的心理。孩子通過一次又一次這樣的練習，會獲得對整個局面的掌控感，從而建立自信，敢於面對挑戰。

三個祕訣：「先聲奪人＋壓軸有戲」全程超人氣

心理學家史丹利・葛林斯班（Stanley Greenspan）曾說：「進入假想遊戲，是孩子成長過程中最重要的飛躍之一。」《遊戲力》裡這樣詮釋假想遊戲：「這對於象徵性思考能力、抽象思維能力以及創造性想像力，都有很高的要求。」

孩子天生就會假想遊戲，比如會拿著手機在耳邊說：「喂喂」，或者學媽媽的樣子在臉上拍拍；看到繪本裡有吃的，假裝拿一塊吃得津津有味；拿耳機當聽診器等等。這其實都是孩子的模仿能力，在假想遊戲中，孩子可以自由的表達。

如何和孩子一起演起來呢？

給孩子儀式感

在開始之前，跟孩子說：「我們來玩個遊戲，假裝……」有的孩子會不敢在大家面前自我介紹，那麼可以這樣玩：「我們來玩個遊戲，假裝你是老師，我是小朋友，你來幫我上課吧。」孩子會非常喜歡這個遊戲，因為孩子可以指揮你做事情，享受有權威的感覺，同時孩子自然會把老師經常讓大家做的自我介紹讓你來做，這時候你表演得誇張一些，孩子覺得好玩，當眾表達的恐懼心理就會緩和很多。

孩子偶爾也會主動，像是西西發明了一個遊戲，跟媽媽說：「我們玩個遊戲，我是小火車，妳是乘客，我們開始跑吧。」於是繞著社區廣場中間的花壇開始跑，說那是鐵軌，讓媽媽跟著跑一段，停下來讓媽媽下車，再跑一會兒讓媽媽跟著跑，假裝上車，就這樣玩了半個多小時，西西非常享受指揮的過程。

準備吸睛道具

在家裡準備一些孩子喜歡的動物、卡通形象的面具，或者可以當道具的玩具。比如當孩子拒絕穿衣服的時候，我們可以嘗試「小火車鑽隧道」的遊戲，讓孩子拿著小火車，我們撐好袖子，問孩子：「哪個小火車要鑽隧道呀？」讓孩子表達自己的想法，跟著孩子的想法來，讓孩子做主。

當孩子不好好吃飯，我們可以給孩子額頭戴上老虎面具，我們自己戴上兔子面具，跟孩子說：「我們玩個遊戲，你是大老虎，我是小兔子，小兔子要為大老虎準備吃的，大老虎想吃綠色的花椰菜還是黃黃的雞蛋呀？」跟孩子對話，引導孩子不斷選擇和思考。

讓笑聲「傳染」開來

笑聲是有感染性的，一旦發現了孩子因為某件事情「咯咯咯」笑個不停，就要想辦法讓笑聲延續。當孩子笑的場景多了，當眾表達時，如果能夠回憶起相關笑聲的片段，也會緩解孩子的緊張情緒。

生活當中一定有些事情會讓孩子反覆「咯咯咯」笑個不停，比如捉迷藏、枕頭大戰、扮鬼臉、聽到「屁股」、「便便」這樣的詞彙看誰先笑的遊戲、意外的驚喜等等。

笑，是孩子釋放強烈情緒的自發反應，可以釋放恐懼、緊張的情緒。如果幫助孩子克服恐懼，我們要裝做是那個害怕的人，身體發抖，手也抖個不停，牙齒不停的打顫，孩子看到父母這樣害怕，反而會被逗笑。

Carmen 就喜歡看媽媽做出害怕的表情，手指戳媽媽說要給媽媽打針，媽媽就假裝好害怕，

「哎喲，好痛啊」，媽媽愈是這樣，Carmen 就愈樂，拿個會出聲的玩具說：「媽媽，這是咬人怪獸，一口就能把妳吃掉。」媽媽就一邊假裝害怕一邊躲起來，Carmen 看到媽媽的樣子笑得停不下來。

在輕鬆快樂的假想遊戲中，孩子會自由的表達自己想像的世界。

三個步驟：讓孩子「戲劇化」表達開掛

當媽之前都是少女，當媽之後都會成戲精。繪本是最好的劇本，我們該怎麼和孩子表演呢？

表演繪本裡的「形象」

只要遇到繪本裡有動物，就模仿動物叫聲，怎麼行走的，長什麼樣子。比如看到《好餓的毛毛蟲》在葉子上吃東西，就趴在地上學毛毛蟲用身體一前一後的蠕動，看到《抱抱！》裡的大象，就用一隻手學象鼻子左右來回甩，孩子慢慢的就會模仿媽媽的樣子，一起演起來。

表演繪本裡的「情節」

接下來可以和孩子一起演故事裡的情節，比如演小紅帽的故事，讓孩子當導演，這樣孩子可以考慮整個故事的具體細節：誰當大野狼，誰當小紅帽，用什麼道具，說什麼臺詞。這時候我們在孩子原有經驗的基礎上搭臺階，在孩子的已知經驗基礎上，讓孩子進一步思考和聯想。

扮演「影評人」

演完後，和孩子聊聊表演的感受，誰演得好，誰需要改進，對於劇中角色還可以深入探討。討論為什麼要這麼演，在生活中如果遇到相關的問題怎麼辦。大一點孩子的家長可以針對不同角度來提問，鍛鍊孩子的思考力和表達力。

討論的時間長短也可以由孩子決定，剛開始孩子想法不會太多，因為孩子的經驗有限，但是討論得多了，孩子會形成「發散式思考」的習慣，也會慢慢地在情節裡加上自己想像的環節。

練習工具

哈利波特的魔法石

和孩子一起演戲，戲後一起影評

每個孩子天生都是戲精，想讓孩子演說的表現力更豐富，我們就需要在平常的生活中經常演起來。

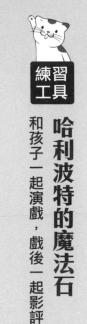

和孩子一起演起來吧！

第一：演劇的儀式感

準備好道具——一塊光滑的石頭，你可以告訴孩子，這個石頭是哈利波特的魔法石，誰拿著這個魔法石，魔法石就會帶給他力量。

第二：選擇一本有人物主角的繪本

讓孩子當導演來分配角色。我們和孩子表演繪本中的對話，或者是繪本人物之間的故事延伸。

在故事的延伸當中，我們要提出一個在孩子已知經驗基礎上的問題。當孩子一時不知道如何回答的時候，我們可以說：「快拿好哈利波特的魔法石，它會給你力量。」

當孩子拿到魔法石之後，無論他說什麼，我們都鼓勵他表達得更多。其實這也是鍛鍊孩子編故事的能力。孩子編完故事後，你一定要對孩子說一句：「你就是故事大王。」你會感覺到孩子小小的驕傲從眉梢、嘴角溢出來，蕩漾成巧克力絲滑的甜，回味無窮。

第三：表演完故事後，開始扮演影評人

開始和孩子對故事中的情節、表達和感受進行交流。

做影評人的訓練，也是慢慢培養孩子對演說表達的覺知力，從「第三視角」看待自己的演說。

影評人交流選項	具體問題
針對單詞的看法	
針對句子的表達	
針對感受	
對句子能延伸的訊息提問	
比較性提問	
對孩子的意見提問	
假設提問	
提出結論性、綜合性問題	

陪孩子一起演故事的時光溫柔而美好，豐富了孩子的表達內容，也溫潤了孩子的心靈。你也會發現孩子世界的廣袤和奇妙，帶你回到了小時候那段純粹的時光。

第3節

獨立思考：讓孩子的觀點變得更有價值

孩子未來是否成功，取決於孩子給予了世界什麼，而不是孩子記住了什麼別人告訴他們的東西。

——《一歲就上常青藤》薛湧

愛問「為什麼」，是獨立思考的第一步

一直以來，我們傳統的教育方式強調吸收，輕視表達。孔子甚至表達過對「巧言令色」之人的強烈輕蔑。很多家長也經常向孩子灌輸「多讀少說，厚積薄發」的觀念，要求孩子多聽多看，多吸收。一旦孩子表達出與家長不同的想法，大多數家長就要求孩子「要聽話」，認為聽話的孩子才是好孩子。這樣教育出來的孩子，表達方面大多沒有新意，容易人云亦云。

開放性思考：鼓勵孩子有很多「問號」

西方教育注重從小培養孩子的表達能力，從孩子的實際情況出發，為孩子提供一個自由寬鬆的生長環境，讓孩子在自己的選擇中長大。與孔子同時期的希臘大教育家柏拉圖，有一句名言就是：「吾愛吾師，吾更愛真理。」猶太人也蔑視一般的學習，認為一般的學習只是一味模仿，而不是任何創新。實際上，學習應該要能創新，以思考為基礎。

羅素說：「大多數人寧死也不願意思考。」思考的確是一件很累的事，可是一旦孩子開始獨立思考，就會體會到思考的樂趣。孩子從此不會人云亦云，並且敢於去懷疑，更敢於去表達自己與眾不同的觀點，孩子的世界也會隨之改變。如何培養孩子獨立思考的能力，讓孩子能夠表達自己的想法呢？

雪球幫創始人米高在《雪球幫》一書中說道：「普通人的智商都可以達到上大學的水準，而想要獲得真正的智慧，就要不斷問為什麼。」但傳統教育不太喜歡孩子問為什麼，孩子如果一個勁兒的問為什麼，老師會覺得這孩子太愛鑽牛角尖，或許也因為孩子的問題超出老師的能力範疇，老師覺得尷尬，所以打斷孩子探究「為什麼」的熱情。

但終究家長要能幫助孩子去跟著「為什麼」的思路，邊問邊思考，邊讀邊思考。家長也需要多問孩子為什麼，目的就是讓孩子養成「問問題」的習慣。其實這就是一個不斷探尋的過程，結果不是最重要的，掌握思考方法才是關鍵。

動過大腦的「知識」才是「見解」

中國媽媽馬珍向猶太媽媽莉蓮抱怨：「今天梅梅又問了好多奇怪的問題，我現在睜開眼就要回答她的問題，我都快煩死了。梅梅愈看書就愈愛問問題，我現在看見梅梅都想逃跑了。」

莉蓮撲哧一笑：「梅梅問了什麼呀？」馬珍說：「梅梅起床的時候告訴我她做的夢，夢裡有小鳥和她說話，就問我為什麼小鳥會在夢裡和她說話，為什麼真的小鳥不會說話，我都不知道怎麼回答好了。」

莉蓮說：「我兒子麥克看書也會問為什麼，每次孩子能提出問題，我都覺得很開心。」馬珍一臉茫然：「為什麼啊？」莉蓮說：「猶太人有這樣的說法：『不當一頭背著很多書籍的驢子。』換句話說，就是不要只看書中的內容，而是要從各種角度分析並理解書中的知識，對書中的內容去思考，才能有自己的獨特見解。」

馬珍一時不知道說什麼：「這樣啊……」莉蓮又接著說：「不要讓孩子當那頭背書驢，只有經常提出疑問的孩子，才會真正找到書中的智慧，所以我經常教導麥克，看書要多思考多提問，每解決一個問題，孩子就會學到更多知識。知識重要，思考力更重要。」

馬珍繼續問：「那如果麥克不問問題呢？」莉蓮說：「如果孩子不問問題，說明孩子沒有動腦筋思考，我就會追著麥克不停的發問討論，直到孩子重新思考為止，這時候孩子的表達就會有與書中不同的角度。」

確實如此，因為只有不斷的去思考為什麼，孩子才會慢慢摸索到事物背後的因果關係，才能愈來愈接近問題的本質。電影《教父》有一句經典臺詞：「花半秒鐘就看透事物本質的人，和花一輩子都看不清事物本質的人，註定是截然不同的命運。」當孩子能夠思考清楚為什麼後，孩子對事情本質的掌握速度，也會比一般孩子更快，相應的表達也更具邏輯性和更有見地。

在成長的道路上，孩子會面臨各種不同的挑戰，當孩子形成凡事思考「為什麼」的習慣後，在解決問題之前，都會問問自己：「為什麼要去解決這個問題」，這比解決問題本身更有意義，效率更高。

多提問，練習「洋蔥式」+「因果論」

一次在藝術課上，三歲半的兜兜在做拼貼畫，孩子用口紅膠沒有膠的一面拚命在畫上塗抹，然後把小紙片貼上去，結果發現貼不上去。兜兜媽媽笑了：「兜兜為什麼要用這一面抹呢？」兜兜被媽媽問得愣住了，觀察了一會，才發現用力抹的這一面沒有膠，恍然大悟：「剛才那一面沒有膠，現在用這一面抹就貼上了。」

一個「好問題」能夠幫助孩子去思考「問題的解決方式」，那麼如何提問，才能讓孩子獨立思考呢？

快速啟動三類問題

這三類問題分別是基於事實、基於偏好和基於判斷。

基於事實的問題。比如：「口紅膠哪一面有膠？」、「小熊最後回到了哪裡？」、「孩子乘坐的是什麼交通工具？」基於事實的問題，家長可以圍繞著5W＋1H分析法來提問（誰、什麼、在哪、什麼時間、為什麼、如何）。

Who：這是誰在說？

What：孩子們在說什麼？這是一個事實還是一個想法？

Where：孩子們在哪裡說了這些話？

When：孩子們什麼時候說的？是在事情發生前、發生中，還是發生後？

Why：為什麼孩子們會這麼說？孩子們對自己的觀點解釋得充分嗎？

How：孩子們是怎麼說的？

美國有不少幼稚園和小學都在使用這種提問方式，當你這樣問得多了，孩子也會問出這樣的問題。

基於偏好的問題。比如：「你願意和其他小朋友一起去上幼稚園嗎？」、「你最喜歡吃什麼蔬菜？」、「你對幼稚園老師是什麼感覺？」偏好類的問題多是孩子的觀點和想法，你可以在偏好問題後再進一步追問「為什麼」，讓孩子學會解釋自己的觀點。

基於判斷的問題。比如：「你要怎麼做才能成功貼好小紙片呢？」、「要拯救快枯萎的花，你應該怎麼做呢？」、「你應該怎樣才能弄清楚牙刷為什麼不見了呢？」判斷性問題是難度偏大些的問題，因為這需要多種論證方式，而且通過論證，孩子很可能發現答案不止一個，更重要的是，通過判斷訓練的孩子會更有責任感，更對自己的答案負責。

排出問題的優先順序

確定問題的優先順序，是確定我們解決複雜問題前需要回答的問題，也就是構建邏輯思考的順序，需要家長將提問定位在範圍更大的問題上。比如我們問孩子：「什麼是圓形？」

先要讓孩子認識到什麼是形狀，其次用各種形狀的不同，引導孩子去觀察，為什麼不同物體會有不同形狀，然後認識到圓形以及圓形的應用，可以鼓勵孩子去創造圓形的物體，最後訓練孩子表達解決問題的順序或過程，而不是答案。我們讓孩子理解他所掌握的內容之順序，就能顯著提高孩子的思考能力。

傑羅姆．布魯納（Jerome S. Bruner）在《真實的心靈，開放的世界》（Actual Minds, Possible Worlds）一書中預期：一種新的、具有啟發性的理論會興起，這種理論的中心思想，是要讓孩子們理解世界的多種樣貌。「所謂的『意義』和『真實』並非經由個人摸索發現，它是集眾人之力創造出來的概念，協調溝通的旨趣，在於調整人我關係並建構新的意義。」也就是說，「討論」在孩子的認知發展和獨立思考中扮演著重要角色。那麼，如何引導孩子討論呢？

猶太人的 Havruta 教育

要想引導孩子進行討論，我們先得創造條件。家長可以借鑒猶太人 Havruta 的教育方式。Havruta 教育，指的是分組提問、對話、討論並辯論。簡單來說，就是和孩子真誠的聊天，提出並回答問題，和孩子對話，然後再把對話加以專業化，那麼就是討論和辯論了。

深化觀點——對話、討論及辯論

在教孩子學東西的時候，猶太人強調要提出問題，引導孩子去尋找問題的答案。孩子會對父母的提問展開多角度思考，並自發的學習，繼而去整理得到「新觀點」。這樣教育背景下的孩子，不會害怕被問問題，反而能從問題中得到新的知識而興趣十足。比起告知型教育、灌輸型教育，這種主動學習讓孩子更願意進行獨立思考，並在討論中表達自己的想法。

臉書創始人馬克．祖克柏的父親是一名牙醫，母親是一名精神病醫師。祖克柏小時候放學回家後，他家人問的第一句話一定是：「你今天在學校提出了什麼問題？」從來不主動問孩子在學校學到了什麼。

祖克柏的父母在對孩子啟蒙時，鼓勵孩子提問題、說想法，並有邏輯的跟孩子討論，不論祖克柏提出的問題多麼匪夷所思，都不會不耐煩。祖克柏從小就愛提問，在長大之後也有提問的習慣，他在分享臉書的成長歷程時曾說：「在你開始做之前，不要去問自己怎麼做，要問自己為什麼做。」

由此可見，在Havruta教育裡，提問的價值帶給孩子的收益是巨大的。《猶太式教育》提到：「每天都在對新的主題進行有深度的討論，這是開發大腦的最好方法。」猶太人在教育孩子表達自己想法的時候，用手勢或身體動作輔助；而在討論、爭辯的時候，要放大聲音加強，這樣能夠快速並高效率的熟悉新內容。

用腦閱讀，不是用眼掃描

通過閱讀來進行有深度的討論，是進步的最佳方法。英國當代著名青少年文學大師艾登・錢伯斯（Aidan Chambers）在《說來聽聽：兒童、閱讀與討論》（Tell Me: Children, Reading & Talk）裡提到：「我相信閱讀並不是浮光掠影的掃過一排排文字，比起興之所至的隨口閒聊，閱讀應當是一種更有生產力、更有價值的心智活動。」

比如孩子愛看恐龍方面的書，我們給孩子讀了一本恐龍的繪本，孩子可能會問你：「為什麼現在恐龍滅絕了？」你會怎麼說？通常我們查閱後會告訴孩子：「因為火山爆發或彗星相撞」，但是Havruta教育的方式，會建議父母不要直接告訴孩子答案，而是要這樣說：「是啊，為什麼會滅絕呢？」這樣會激發孩子的好奇心，促使孩子主動去找資料、尋求答案。

對孩子來說，故事對他的意義，是通過談話中你一言我一語來界定的，我們在和孩子的聊天中分享對故事的熱情、困惑，和故事中各種元素的關聯性，根據故事借由問題，引導孩子整理出新的想法。有的時候你會發現：孩子面對好問題就像著了魔一樣，不斷深入探索，也不斷感受到發現的樂趣。

練習工具
「外星人視角」＋「類比法」
練習逆向思考，激發原創觀點

不斷提問，不斷解決，再不斷提問，這樣的探索之旅我們不太熟悉，但是可以先嘗試練練手，慢慢熟悉起來。

《雪球幫》提到一個超級問題：動物是否可以飼養其他動物的後代呢？如果可以，它們的目的是什麼？

我們用外星人視角引導孩子想想看：如果孩子是外星人，完全不了解地球的解決方案，打算怎麼解決這個問題呢？有時候，「逆向思維」可以讓複雜的問題迎刃而解。我們可以先考慮後代需要什麼，然後再想怎麼滿足。比如小魚需要吃食物和繁殖，可是小魚怎麼才能學會吃呢？最好是不僅能學習所有需要的知識和技能，還能和很多小魚住在寄宿學校！

但是，魚為什麼沒有建立寄宿學校呢？因為寄宿學校的老師還是魚，同樣面臨吃的問題。教就更難了，但魚會產很多卵，就算被吃掉，也總會有存活的。假設有的小魚會捕食和逃生，牠的體型會變大一點，就更容易生存。假設小魚的夥伴們也會捕食逃生，牠們將很快獲得群體優勢，然後牠們會有更多的後代。

這樣的小魚運氣好也許可以延續幾代，但是如果經過上億年，一定早就被更聰明的魚種取代了。而且取代者根本不需要特別聰明，只要比牠聰明一％就足夠了。物競天擇就是這麼殘酷。

所以小魚存活的概率也太小了。如何讓小魚獲得生存的技能，從而活下來呢？

歸真：「第一性原理」與「原創性思維」

這時我們可以用類比的方法，先看看什麼東西是與生俱來的，然後再弄清楚怎麼來的。為什麼魚媽媽生出來的是小魚，而不是小鯨魚呢？這就是ＤＮＡ，也就是遺傳密碼的作用。

歷經幾百萬年，小魚的後代變聰明了，而且是生下來就聰明，因為牠們的祖先將所有重要的生存技能儲存在遺傳密碼內，就像複製在晶片上一樣。這就是地球上絕大部分生物的解決方案，簡單有效。

解決這個問題，談到了「外星人視角」和「類比法」，這是兩個非常重要的思考方法。《雪球幫》認為外星人視角就相當於第一性原理，第一性原理也就是主張從最根本的元素開始思考。關於如何利用已知資訊，推測出ＤＮＡ方案的方法，就是類比。

第一性原理有助於發揮原創性思維，而類比有助於我們從已知的東西中認識未知的東西，把一個抽象的東西，用一個具象的東西做類比；把一個不熟悉的東西，用一個熟悉的東西做類比，很容易產生「畫面感」。類比的關鍵，是善用「相當於」這個連詞。大部分人習慣使用類比，真正有智慧的人才會利用第一性原理，當然這需要反覆練習的過程。

套招、變化、延伸，一起練起來吧！

用外星人視角來討論：

「假設有個外星人，突然飛到地球，接管了你的生活，那麼他會怎麼辦呢？」

「假設有個外星人，＿＿＿＿＿＿，那麼他會怎麼辦呢？」

用類比方法討論，需要用到孩子熟悉的日常物品來討論，所以我們在閱讀的時候，可以將我們感興趣的，和能夠用日常物品做類比的案例記錄下來。比如：「快樂就像太陽，總是發出耀眼的光。」

幫助孩子學會獨立思考，就獲得了先發優勢，孩子未來演說的優勢，會像滾雪球一樣愈來愈明顯。獨立思考，培養的是善於說話的孩子，而不是聽話的孩子。孩子會在演說和表達自己的過程中，加深對世界的探索和認知，不斷形成自己的世界觀和價值觀。

第4節

如何做一個有「亮點」的自我介紹

沒有一個人天生擅長做各種事情。你通過勤奮而變得擅長於各種事情。

——前美國總統 歐巴馬（Barack Obama）

經常聽到有家長說：「我孩子在家稱王稱霸，話特別多，像個話匣子。可是一要孩子當眾介紹，死活不肯說，扭扭捏捏，老是這樣，真是急死人。」

孩子長大後在社交場合總是要認識別人，可是如果一直疏於鍛鍊自己的自我介紹，即使有很多亮點，也會不經意錯過很多機遇。而有的孩子好像自帶光環，一開口介紹自己，就有一群人圍著想與他交朋友。

如何讓孩子願意開口，做出令人難忘的自我介紹呢？

眼神交流：戰勝膽怯從「注視比賽」開始

「沒有一個人天生擅長做各種事情。你通過勤奮而變得擅長於各種事情。」歐巴馬曾在演講《夢想與責任》中這樣說。孩子不是天生就敢於當眾表達自己的想法，更別說在不熟的人面前表達，肯定會有緊張感。我們要做的就是接納孩子的緊張感，幫助孩子刻意練習，緩解緊張。

美國幼稚園經常玩「注視比賽」的遊戲，幫助孩子緩解與陌生人眼神交流的緊張感。什麼是注視比賽的遊戲呢？就是兩個夥伴面對面坐著，互相盯著對方的眼睛，誰先眨眼誰就輸了。

這是一個很好的訓練，讓孩子能夠面對不同性格的孩子的目光，對孩子社交合作的學習也很有幫助。有的孩子在注視過程中不好意思看對方的眼睛，輸了就要再玩一次，那些內向的孩子就是通過這種眼光的交流，慢慢願意與別人交流，從簡單的打招呼到後來主動聊天。

我們在家也可以帶孩子玩這樣的遊戲，當家裡有客人來的時候，可以邀請客人和孩子一起玩「注視比賽」，讓孩子接觸的人愈來愈多。眼睛是心靈的窗戶，當眼神不拒絕，內心也就更願意公開的展現自己。所以，「注視比賽」是一種公開表達的過渡方式。

刻意練習：「關於我自己」的玩法

國外有的學校在每個學年裡，每個孩子都有一個屬於自己的星期。在這個星期裡，這個孩子是班裡的小星星，需要很自豪的來展示自己。這個星期叫做 star of the week，有專門的「自我介紹」環節，孩子要做一個特別設計的海報，還要當著全班小朋友的面做一次自我介紹。

學校這樣的活動每年都會有，講過幾次之後，孩子的自我介紹就非常熟練，張口就來，一點兒也不怯場了。

錄影檢查：全方位的自我修正

海報上除了自己的基本資訊外，還有很多小細節，比如個人的照片、最喜歡的顏色、運動、歌曲、節日、動物、食物，還會讓孩子說說最開心的事情和最值得驕傲的事情。

孩子可以拿著這個海報向別人做自我介紹，這可以幫助孩子回憶細節，學會講自己的故事，講得多了，慢慢就可以脫稿說了。這也是鍛鍊孩子獨立做自我介紹的過渡。

我們在家也可以製作這樣一張海報，和孩子互相介紹自己，表演起來。當你和孩子一起表演的時候，加上比較戲劇化的手勢，會讓孩子說得更自如。

如何知道別人對孩子的第一印象呢？最好是把孩子自我介紹的過程錄下來，然後客觀的做出分析。如果只是照鏡子，我們很難做到完全的專注和客觀。如果用視頻錄下孩子表達的樣子，多次的觀看，就可以發現不足之處，然後去修改，同時發掘孩子的優點，並學會更有效的展示。

開場：三個破冰式快速暖場

能夠打動聽眾的演說，通常具有個「吸引人的開場」、「主幹調動情緒」、「結尾有力並昇華」的三個特點。想要有吸引人的開場其實也不難，引導孩子從這三個破冰式的技巧入手，讓孩子一開口就能牢牢吸引住聽眾：

暖場一：互動式的「連續提問」

一般孩子一上場就呱啦呱啦的介紹自己，而有經驗的孩子一上場就會提供價值，有經驗的孩子用的方式就是：連續提問。比如，聽眾如果都是孩子，肯定都愛玩，那麼一上場，孩子連續問這樣幾個問題，一定會吸引小聽眾們注意：

「你們喜歡旅行嗎？最喜歡去哪裡旅行？我可以推薦幾個去過就不想離開的旅行地點，你們想聽嗎？」

「你們有為之著迷的運動愛好嗎？有過在運動中沉迷，連吃飯都忘記的時刻嗎？最重要的是，你的爸爸媽媽支持你的運動愛好嗎？」

美國管理諮詢師史帝文．羅斯勒（Steven Roesler）曾說過：「開場提問能夠製造好奇心，並讓聽眾進入思考，而思考能將你的主題更加緊密的和聽眾互動起來，這也是你所期望的。」連續的問題會讓聽眾不斷思考自己的經驗，這時再介紹自己，就容易拉近與聽眾的距離，更容易引起對方共鳴。

暖場二：講一個與主題相關的「有趣故事」

曾經聽到有一篇主題「挖」的演說開頭，很有趣。說的是有個孩子小時候一直喜歡在院子裡挖地，不停的挖，後來媽媽跟孩子說：「不要挖了，再挖你就挖到地球另一邊了。」這個開頭引來全場一片笑聲，也引起了聽眾想進一步知道：孩子到底能挖出什麼東西來。

開場講個有趣的小故事，能幫助孩子建立和聽眾之間的默契，然後再進行自我介紹，表達也會更有吸引力。

暖場三：「戲劇式開場」邀聽眾一起入戲

給孩子看一些經典演講，那些有創意的開場，總會和戲劇式表達相關，很多有趣的開場會給孩子靈感去模仿和表達。

有一個以「生活」為主題的演說，演說者開場從左口袋裡拿出一根麻繩，上來就演唱一九八〇年代著名電視連續劇《籬笆、女人和狗》的主題曲：「生活是一團麻，那也是麻繩擰成的花。生活是一根線，也有那解不開的小疙瘩呀」，現場聽眾笑成一片。

讓聽眾想像置身於一個特定情境，也是一個很棒的開場。例如，講「如何在學校交到新朋友」，可以讓聽眾們去聯想：「想像你第一天來到學校的時候，周圍全是陌生的臉孔……」然後提高聲音，大聲說：「這時我遇見了一個神祕人物，他的出現像是雨後的一道彩虹，讓我突然就開心起來。他是誰呢？」這時和聽眾進行良好的目光接觸，引起聽眾的好奇心。

讓孩子嘗試戲劇式開場，效果就像戲劇一樣，能讓孩子和聽眾緊密互動起來。一個強有力的三十至六十秒的開場白，能讓聽眾更長久的專注於孩子接下來要講的內容。

然後，孩子可以正式的做自我介紹，前面戲劇式的開場，和後面正式的自我介紹結合，對比效果更強，很有衝擊力，整個演說的節奏會讓聽眾感覺收放自如。

多讓孩子「刻意練習」，才能讓孩子的自我介紹像跳水一樣直奔主題、優雅有趣，而不是平鋪直敘，像用腳趾探入池塘一般只濺起一點點水花。好的自我介紹無論在演說還是社交場合，話音剛落，就會一石激起千層浪。

練習工具

閃亮亮「自我介紹」海報

大方鮮活的「自我傳播」技術與藝術

在家做一個自我介紹的美術題目，讓孩子在大展示板上，寫出自己的資訊（生日、體重、身高等個人資訊），附上相應的照片，然後在邊角區域，用自己的手工畫作裝飾起來。

孩子的社交場合總會需要自我介紹，如果拿著海報多講過幾次之後，孩子就會非常熟練，張口就來，一點也不怯場了。這也是鍛鍊孩子獨立做自我介紹非常好的方法。

製作方式

第一步：焦點內容。準備一張大卡紙，寫出自己的個人資訊（生日、體重、身高、愛好），最喜歡的顏色、運動、歌曲、節日、動物、食物，也讓孩子說說最開心的事情和最值得驕傲的事情，附上相應的照片。

第二步：風格裝飾。在邊角區域，讓孩子用各種顏料、素材裝飾起來。

第三步：演練與錄影。讓孩子拿著海報進行自我介紹，把孩子自我介紹的過程錄下來，然後客觀的做出分析，和孩子討論看看在哪一步驟可以做得更好。

重要的是，孩子通過自己製作的海報來表達，會有更多的想法，當藝術和語言交融的時候，我們就可以從孩子的表達中感受到美、自信和能量。

想變強，就要跟「更強的人」在一起

日本設計師山本耀司說：「你要終身跟那些很強的東西、很可怕的東西，和水準很高的東西相碰撞，然後才知道自己是什麼。自我是不斷的在『自我升級』中間碰撞而產生的。」

孩子的一生，其實都在不斷的提升自我，持續的塑造自我。當孩子有了不同的體驗，解讀世界的角度就會特殊、開放，性格中新鮮自由的天性，也就能夠盡情的表達。

「認識自己」繪本推薦：

❶ *I like myself*，作者 Karen Beaumont

❷ *All by myself*，作者 Mercer Mayer

❸ *Only one you*，作者 Linda Kranz

第5節

透過觀察蒐集，增加孩子的演說素材

我們思想的發展，在某種意義上常常來源於好奇心。

——愛因斯坦（Albert Einstein）

「發現」不是簡單的認知，而是一個火種

明明的媽媽有段日子感覺自己的語言已被掏空，不知道如何引導明明的表達。

帶著明明逛公園，看到小狗不知道從哪兒鑽出來，媽媽趕快指給孩子看：「快看，小狗。」因為奶奶教過孩子小狗的叫聲「汪汪」，所以明明看到小狗後，條件反射般的叫「汪汪」，然後，媽媽琢磨該說點什麼呢？「好棒？」可是也想不出到底是哪裡棒。

走在社區裡的石板路上，淺黃、深黃的銀杏葉落在石板和草坪上，明明媽媽拿起一片銀杏葉：「這是銀杏葉，像一個小扇子，對嗎？」明明盯了一會兒：「對，像小扇子。」接著，明明媽媽

又不知道該說什麼了。

探索：一種會上癮的無邊界遊戲

明明媽媽感覺自己不會描述，詞彙量又少，不知道怎麼引導孩子。該怎麼辦呢？諾貝爾物理學獎得主理察・費曼（Richard Phillips Feynman）曾說：「最好的教育理念就是沒有教育理念，用任何可能的方法去教。我對科學有興趣，只是因為我想了解這個世界，我發現愈多，探索世界這件事情就愈美妙。」

在費曼的早期教育中，父親與他溝通的方式，像是在費曼身上灌注了一種對於大自然美的讚歎和欣賞，並使費曼產生了與別人分享這種感受的灼人欲望。

我們該如何引導孩子通過觀察來表達呢？

不要帶著功利的心去教孩子認識事物，而是要去尋找觀察事物的樂趣。小時候，有一次費曼跟朋友在田野裡玩。一個小孩問費曼：「你看！你知道那是什麼鳥嗎？」費曼說：「我不知道。」那小孩炫耀的說：「這是棕頸畫眉。」孩子又加了一句：「你爸什麼也沒教你？」但事實恰恰相反，費曼的爸爸教過他。

他爸爸指著那隻鳥對他說：「你知道這是什麼鳥嗎？這是棕頸畫眉。在葡萄牙語裡，它叫……在義大利語裡，它叫……在漢語裡就叫……用日語叫是……但你只知道這鳥的名字，就算你會用世界上所有的語言去稱呼牠，其實對這鳥還是一無所知。你所知道的僅僅是不同地方的人怎麼稱呼這種鳥而已。現在，我們大家一起來好好看看這隻鳥。」

細節，成就每一次卓越表現

爸爸教費曼要去觀察事物。觀察是一種過程，是細節，是從具體到抽象的理解，更是深度認知和獨立思考的基礎。比如看到鳥，不要急著告訴孩子這個鳥的名字，可以讓孩子看看小鳥在幹什麼，如果小鳥在啄羽毛，這時就是一個好時機，從問「為什麼」開始。費曼爸爸認為質疑和提出問題是科學家的靈魂，所以會在合適的時機提出問題：「為什麼小鳥喜歡啄羽毛呢？」

費曼說因為小鳥在整理羽毛，爸爸又接著問：「什麼時候弄亂的呢？為什麼會弄亂呢？」於是費曼又開始觀察，觀察到的結果是：鳥不管在地上走多久都要啄羽毛。

這時答案不正確，爸爸就告訴費曼真正的原因：「因為鳥身上有蝨子。鳥的羽毛會掉下來一些小皮屑，蝨子就吃這個。」這時費曼就理解了寄生的概念。雖然孩子觀察的結果，不一定跟真正的答案一致，但是觀察的過程卻是很有價值的，經過孩子自己分析得出來的結論，就像在細碎的沙石裡發現一塊金子，會讓孩子體會到樂趣和成就感，這是一件很美妙的事情。

這種美妙，是孩子想要與人分享的源泉，從孩子的內心汩汩的向外流淌，觀察得愈投入，分享就愈暢快。

提升語言效能：從經驗與觀察找到「規律」

當孩子有了實際經驗後，再通過觀察去尋找事物的規律，在這種過程中，孩子的自我效能感會加強，表達也會由衷的自豪。

歡歡有一天非常驕傲的告訴媽媽：「老師讓全班每個同學都在學校的院子裡播一顆種子，這學期種子開始發芽了。我的那顆種子，是所有播種的種子中長得最高最壯的！」媽媽：「這麼好運氣，恭喜寶貝！」

我厲害，並不是因為「運氣好」！

歡歡噘著嘴說：「這才不是運氣，是我觀察出來的！在播種之前，我仔細觀察了地形，發現有一塊地陽光最充足，而且全天不受任何樹木和建築陰影的遮擋，學校花園的噴水器也能噴到我的種子，這塊地肯定是最好的播種地，所以我的種子才會長得又高又壯。」

媽媽會心一笑：「原來如此，歡歡觀察果然很仔細。」歡歡媽媽在自家的院子裡種了些菜，帶著歡歡一起耕耘收穫，發現在陽光充足的一角，番茄生長得明顯比別的地方要茂盛得多。歡歡是在學習媽媽的播種之道。

通過觀察，孩子會用自己的經驗來認識世界，發現事物背後的規律，孩子的表達能力也在自然的經驗過程中得到提升。如果刻意生硬的告訴孩子道理或者知識，就會超出孩子能夠理解的經驗範圍，孩子自然不會喜歡。

教育家約翰・杜威（John Dewey）認為：兒童的可塑性，完全不同於泥巴或蠟的可塑性，它並不是受外來壓力就改變形式的一種能力，兒童的可塑性必須以孩子自己從前的經驗為發酵劑——經驗中的成功或失敗做為一種成長訓練，催化了兒童改變自己行為的力量。

不要只教知識，要讓孩子能夠通過觀察，體驗到美好的感受，從中發現規律，再去思考抽象的意義。這個過程很神祕也很奇妙，孩子會感受到「發現」的震撼，在表達上的邏輯和細節感都會一次次提高。

回歸自然體驗，讓孩子的表達如礦藏般豐滿

葉面上的紋理、樹根的盤根錯節、花瓣的觸感，抑或是表面粗糙的石子……當孩子親手接觸它們時，就會產生各種感知的體驗，如果在這個過程中引導孩子的表達，會讓孩子捕捉對語言的感受，慢慢建構孩子們對語言的理解和認知，奠定孩子表達的基礎。

跨出熟悉圈，孩子需要「新鮮感」與「陌生刺激」

《卡爾．威特的教育》（The Education of Karl Witte）中，老威特先生也經常帶小威特出去散步，邊走邊給小威特講解路邊花朵的結構、岩石的形成、昆蟲的分類等等，來豐富小威特對世界的認知。「真正的世界不在你的書或地圖中，而是在門外。」《哈比人：意外旅程》（The Hobbit: An Unexpected Journey）中如是說。

旅行，是孩子感受世界的方式，也是提升孩子表達力最好的方式之一。在旅行中，孩子通過觀察、聆聽、觸摸等多種方式，表達的欲望會更強烈。觀察事物，可以從對比概念入手。

米兜媽媽從米兜三歲開始，就帶著她去旅行。一次去洛陽賞花，媽媽問：「米兜，剛才看過了牡丹，現在看到的是芍藥，妳能看出它們的區別嗎？」米兜認認真真的觀察了芍藥一會兒說：「媽媽，我們回去看看牡丹吧，我忘記牡丹什麼樣了。」

於是又原路返回，觀察前面看過的牡丹。「米兜，看出差別了嗎？」米兜不吭聲，又急匆匆拉著媽媽：「走，我們再去看芍藥。」又觀察了好一會兒，米兜說：「牡丹花比芍藥花大，牡丹花開在頂上，芍藥花開在中間。」

米兜說得滿有道理，媽媽忍不住誇她：「妳的觀察能力太棒了，媽媽沒有注意花朵的位置。妳再觀察觀察，看看有沒有別的區別？」米兜想了想，搖頭說：「沒發現別的。」

媽媽繼續啟發她：「觀察事物要觀察整體，比如牡丹花除了花以外還有莖和葉，妳都認真觀察了嗎？」米兜眨著眼睛：「是的，我沒有觀察葉子，我要好好看看。」又觀察了一會兒，米兜說：

「葉子不一樣，牡丹葉子寬，芍藥葉子窄，而且芍藥葉子的顏色比牡丹葉子深。媽媽，我說得對吧？」媽媽上網一查，竟然全被米兜說中了。

「米兜觀察能力好強啊，妳竟然全說對了。」媽媽驚喜的叫道。米兜聽到媽媽這樣說，嘴巴咧得半天都合不攏。

陌生環境中精緻美妙的風景與人文，讓孩子產生新鮮、豐富的感受，孩子的表達在無意識中慢慢寬廣和細膩，化為一種內在的滋養。

這樣的經歷像是深深紮根在孩子的心裡，愈是領略過各種波瀾壯闊或細膩人文，孩子的內心也就愈豐富，胸懷愈開闊，愈容易接納各種各樣的聲音，表達也會愈具魅力，就像是被魔杖點過一樣。

練習工具

花園綠手指

透過培育植物，讓孩子體察生命的希望、阻礙與克服

如何實踐呢？我們可以帶孩子去花圃，買植物的種子，和孩子一起培育，從最開始帶著孩子撒種子，然後到讓孩子觀察它的萌芽、生長，最後開花，再引導孩子收集種子。讓孩子有一個對植物生長週期的完整認識，同時，我們可以做一些科普小教育，甚至可以由此引導孩子對於人生進行思考。

播種

描述你觀察到的現象	你能發現什麼嗎？

生長

描述你觀察到的現象	你能發現什麼嗎？

開花

描述你觀察到的現象	你能發現什麼嗎？

結果

描述你觀察到的現象	你能發現什麼嗎？

比如說種向日葵，向日葵的發芽率很高，而且最後會開很美的花，孩子會很有成就感。我們可以邊培育邊讓孩子思考和表達。

播種：讓孩子想想：「我們為什麼要把種子放在土裡面？可以放在水裡面嗎？」

生長：向日葵的種子三、四天就能發芽，我們幫它施肥和澆水，向日葵會長得又快又好。我們可以問問孩子：「為什麼要給向日葵施肥和澆水？還想到了什麼？生活中有哪些也和施肥、澆水相似的事情呢？」

我們可以用對比的方式，讓孩子想想餵養小動物、培養孩子，與培育向日葵之間的相似之處。

開花：五十天左右的時候，向日葵會陸續開花。讓孩子好好的觀察花朵，我們也可以跟孩子講講舌狀花和管狀花的知識，豐富孩子知識的廣度。

結果：向日葵開花的時候是向陽昂著頭的，一旦結果後，就沉甸甸的垂下了驕傲的臉龐。媽媽這時候，就可以借向日葵給小孩上心靈成長課啦。

當孩子有了實際經驗後，再通過觀察去尋找事物的規律，在這種過程中，孩子的自我效能感會加強，表達也會有自己的觀點，與眾不同。

好奇心是孩子永遠的老師，通過觀察、體驗和表達，帶著孩子撥開雲霧見天日，學會深入思考問題，終會形成孩子獨特的演說風格。

KEY

5

培養深思、求證的習慣，
說出的每句話都有說服力

訓練「思辨力」，建立孩子理直氣順的演說邏輯

培養演說力沒有捷徑，找到正確的方法，刻意練習，並設置及時回饋的機制，
持續不斷的進化！進化！進化！

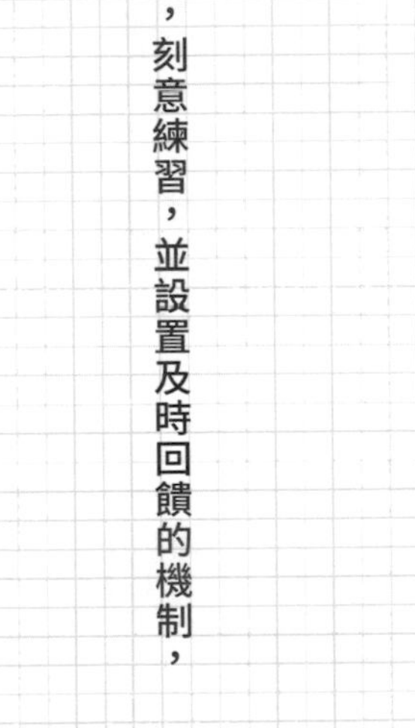

第1節

擁有「經濟學」思維，讓孩子的表達更理性

問問孩子：「這樣東西對你有什麼幫助？如果沒有這樣東西會怎麼樣？」幫孩子練習從「想要」的東西中找出「需要」的東西，梳理自己的欲望，確定自己的真正需求。

區別「需要」和「想要」

在我的「正面管教」家長課堂裡有一位媽媽，老公經常出差，即使回來了也是玩手機，對孩子不管不問，孩子都是她一個人帶。她說一個人帶孩子脾氣也容易急躁，在家說好的不再買玩具，可是帶孩子出去，孩子一看到別的孩子有玩具就想要。她不給買，孩子就發脾氣，也不管是人多還是人少。

她好好跟孩子說不行，非要她發脾氣，孩子才會好好的跟她走。家裡的玩具一大堆，可是孩子每次看到新的玩具就是想要。她知道不能總滿足孩子，但是看孩子非常想要，自己也非常糾結，每到這個時候就很焦慮，不知道要不要給孩子買玩具。

教孩子如何「理性」選擇

到底應不應該給孩子買玩具，我們總是下意識的延遲滿足、不情不願的滿足或者乾脆不滿足，這樣真的好嗎？難道滿足就好嗎？這並不是一個非黑即白的問題。我問她一個啟發式的問題：「關於買玩具，有沒有問一問孩子的看法？」她說她已經跟孩子說過了，家裡有玩具就不能買，我說那孩子怎麼看呢？她說孩子也同意了呀。

我繼續問：「孩子是在什麼情況下同意的呢？他的想法是什麼妳了解嗎？玩具對他來說是必須的，還是想要的，他自己了解嗎？」她說這個倒真不知道。我們連孩子的想法都不知道，就逼著孩子聽我們的，孩子會怎麼想呢？孩子會覺得自己是無能的，只能聽媽媽的話、看媽媽的臉色，才能得到自己想要的，如果媽媽不同意，自己不屈服後果就會很嚴重。

我們需要去跟孩子聊一聊，了解孩子更多的想法，引導孩子去思考，到底什麼是他需要的，什麼是他想要的，如何讓孩子自己做出理性的選擇，我們應該思考該怎麼幫助孩子，而不是想著要不要給他買玩具。

《認識商業》中說：經濟學是理性選擇的社會科學，讓孩子能做理性選擇，本質上是讓孩子做經濟學啟蒙的工作。在國外，小朋友在幼稚園和小學低年級階段，就會開始做一種練習，就是區分需要和想要（Needs and Wants）：給孩子一樣東西，讓他們區分，這是你需要的，還是你想要的？這是孩子「經濟學或商業教育」的一個重要起點。

為什麼這樣說呢？資源是有限的，欲望是無限的，孩子需要在有限的資源當中做出選擇，而做出任何一項選擇，都會放棄另一項選擇的價值，這份價值也就是我們所付出的「機會成本」，它的含義已經遠遠超過了「價格成本」。這樣的成本概念，會讓孩子慢慢學會找到自己需要的或者真正想要的，在表達上也會更為理性。

用「對比」篩出新的價值機會

比如孩子又想要汽車玩具，又想要超人玩具，可是你只給他買一個，不願意滿足他所有的想法，他只能選擇他當時最想要的。假如孩子選擇的是買汽車玩具，家裡又有很多的汽車玩具，那麼他就失去了對超人玩具探索的樂趣，而這種探索帶給他的體驗，是他玩汽車玩具所感受不到的。

玩耍是孩子需要的，但是可以有各種各樣的想法，來達到滿足需求的目的。當我們能夠關注孩子的需要，那麼幫助孩子滿足需要的方法就有很多，孩子通過「對比」，會找到滿足自己最合適的方式，很可能會發現汽車玩具真的就是自己想要的，還有可能發現比玩具更好玩的是媽媽帶他去遊樂場。

在《非暴力溝通》當中，馬歇爾把需要分為七種：自由選擇、慶祝、言行一致、滋養身體、玩耍、情意相通和相互依存。「需要」是有助於生命健康成長的要素，而不是某種具體的行為，一種要素能否被當成需要，關鍵是在於它能否促進生命的健康成長。

如何幫助孩子去理解呢？我們來讀這本《需要和想要》（Needs and Wants），創作者 Marne Ventura 是一位兒童作家，創作了一系列的兒童繪本，這本英文繪本可以在亞馬遜上買到。繪本講了一個什麼樣的故事呢？我們讀讀看。

這本書介紹了很多小朋友的需要和想要，我們慢慢地能夠發現，需要和想要的區別：

我們都需要東西。我們需要食物、水和空氣。我們也需要家和衣服。

我們都想要東西。我們想要讓我們高興的東西。我們想要有趣的東西。

Erin 需要喝水。她想要喝一杯檸檬水。

Jacob 需要吃東西。他晚飯想要吃義大利麵。

Erin 冬天需要一件暖和的大衣。她想要一件紅色長大衣。

Jacob 需要呼吸空氣。他想要有風來放風箏。

Erin 需要遠離暴風雨。她想要躲在她的床下。

Jacob 需要一種方法到達學校。Jacob 想要一輛新自行車。

Erin 需要在學校讀一本書。她想要讀一本搞笑的書。

你想要什麼樣的東西？你真的需要這些東西嗎？

繪本中提到的空氣、水、食物和住所，屬於人的基本需求（Needs），沒有這些我們就無法生存；而玩具、糖果、寵物、手機等，是我們希望有的東西（Wants），但沒有它們，我們可以有別的選擇。

所以，我們看到了「基本需求」是永恆的，而「想要」是多變的。當孩子每次做選擇時，需要去辨別需要和想要，才能做出更理性的選擇。但其實區別需要和想要並不容易，要刻意去練習。

「感受」的根源，都來自需要

從小我們就很少被鼓勵要表達自己的需要，爸爸媽媽要求我們聽話，我們也會慢慢地忽視自己需要什麼。《非暴力溝通》中指出：「感受根源於我們的需要。」

我們之所以有負面情緒，是因為我們的需要沒有得到滿足，但其實滿足需要的方式有很多種。如何發現呢？在國外，老師會讓孩子通過做遊戲，進而讓孩子們聯繫實際生活，做一些練習，讓孩子們區分哪些是我們需要的東西，哪些是想要的東西。

釐清「意義」的兩個自問句

假設孩子們要乘坐飛機參加一次遠途旅行，帶了「行李」過安檢。「安檢人員」告訴孩子：「你只能帶五件行李上飛機，必須把多餘的東西拿出行李箱。」

孩子們會很苦惱，每樣東西我都想要，到底可以放棄什麼、留下什麼呢？這時候，老師就會讓孩子們分析：你為什麼帶這些行李，哪些東西是需要的，哪些是想要的……最終，孩子們經過思考和篩選，每個人留下了五件他們覺得自己最需要的東西。而有些需要的東西，也可以通過互相分享來得到滿足，比如孩子想帶 iPad，同行的好朋友也有 iPad，就可以分享使用。

用句式來分析練習：

- **「我需要＿＿＿＿＿＿，是因為＿＿＿＿＿＿。」**
- **「我想要＿＿＿＿＿＿，是因為＿＿＿＿＿＿。」**

盤算「如果不能的話」會怎樣

區分需要和想要有時候會很複雜，所以國外的教育學家建議：和孩子討論這個問題時，不要把焦點放在「我想要什麼」上面，而應該多討論「這樣東西對我有什麼意義」。

問問孩子：「這樣東西對你有什麼幫助？如果沒有這樣東西會怎麼樣？」幫孩子練習從「想要」的東西中找出「需要」的東西，梳理自己的欲望，確定自己的真正需求。孩子每次選擇的背後，也都蘊含著機會成本的選擇。因為懂得機會成本的孩子，每次在做決定時，將會針對最壞或可能會發生的狀況做推論以及盤算。

《認識商業》中說：「在市場經濟中，一個人只有為別人創造價值，才能獲得自己的利益。這就是市場經濟的奇妙。」我們在培養孩子的價值觀中，也要多引導他去思考他為別人創造了什麼樣的價值，這樣他做的事情才更有意義。問問孩子：「這樣東西對別人有什麼幫助？如果沒有這樣東西會怎樣？」當孩子這樣思考的時候，做人的格局也在不斷提升。

〔微案例〕孩子想要看卡通

第一步

問問孩子：「你想要看卡通，是因為什麼呢？」

可能是：「我想要看卡通，因為裡面有小豬佩奇的故事。」

可能是：「我想看卡通，因為好奇小豬佩奇今天發生了〇〇事。」

第二步

問問孩子：「看《小豬佩奇》對你有什麼幫助？如果不看會怎樣？」

可能是：「會幫助我解決問題，沒有也沒什麼。」

可能是：「讓我開心，不看會很難過。」

第三步

問問孩子：「你看《小豬佩奇》對媽媽有什麼幫助嗎？如果不看會怎樣？」

可能是：「就不能幫助媽媽收拾房間了。不看可以幫媽媽收拾房間。」

可能是：「讓媽媽可以做自己的事情，不看就想要媽媽陪我玩。」

當孩子愈能夠表達自己的需要，也就愈能夠區分事情背後的價值，做出更理性的選擇。

練習工具

三個透明罐子投資法

以想要、需要與付出，培養孩子的「心」價值

在孩子熟練運用「想要」和「需要」，瞭解機會成本的概念之後，我們可以用三個透明罐子，建立孩子基礎的理財價值觀。罐子裝什麼？裝孩子的零用錢。

發給孩子的零用錢，存到三個不同的透明存錢罐裡：Save（儲存）、Spend（花費）、Give（捐贈）。這種分法，與我們理財預算的基本概念是相同的，也是從小就開始建立理財價值觀的最好辦法。

價值的分配

Save 儲存：可以培養孩子為長遠目標等待的耐心，培養孩子延遲滿足和自我控制的能力。研究發現：自我控制能力相比孩子的社會階層和IQ，能夠更為準確地預言他們長大後的財政狀況。

Spend 花費：可以教導孩子如何對待自己想要和需要的東西，如何貨比三家，如何理性地選擇，如何區別「需要」和「想要」。

Give 捐贈：可以教養出懂得付出與感恩的慈善之心，這一點同樣重要，培養孩子的同理心和

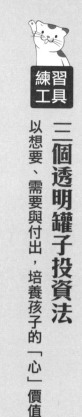

公德心。

一開始由我們幫孩子決定，每個存錢罐該分配多少錢。隨著孩子年齡的增長，可以給孩子更多自主權去分配這些錢。有一點很重要，那就是必須使用透明罐子，讓孩子能夠看到裡面有多少錢，錢的增多和減少一眼可見。

每六個月評估與修正一次

雖然零用錢的金額很小，孩子在三個罐子的使用中仍會出現選擇失誤。比如：一時衝動把一百元花在一套汽車模型上面，事後當他的零用錢不夠去買真正需要的東西時，就會感到後悔。

同時引導孩子建立「評估方式」來看看自己當初的選擇，每六個月左右和孩子一起做一番清理工作。可以問問孩子：「你當初在商場花了一百元買回這件汽車模型，現在我們要把它扔掉了。花出去的一百元收回來了嗎？」

經常提醒孩子進行這樣的評估，可以幫助孩子逐漸形成健康的價值觀，比如，購物的快樂很短暫，但是愉快體驗會在他的腦海中長久逗留。

需要和想要的判斷標準沒有統一答案，每個家庭可以根據自己的實際情況進行設置。重要的是，有了這三個罐子，就能夠訓練孩子的思維方式，引導他們分辨自己的欲望，從而學會運用理性判斷進行購買決策。

每個孩子都需要學點經濟學，而且愈早愈好。擁有經濟學思維，孩子才能在這個物欲橫流的社會，擁有更理性的思考能力和選擇。

第2節

認知思維：布魯姆認知模型

對孩子來說，去感知變化的能力是最重要的。或許我這樣有點自賣自誇，我是想通過繪本讓孩子有獨立思考的能力。

——日本繪本大師 五味太郎

借助繪本，激發孩子無限想像

最近和我一個做科學素養夏令營的朋友聊天，聊到孩子上課的回饋，印象很深的是她說：孩子們在做煤油燈和交流照明燈的實驗之後，老師問照明燈是如何發出光的，大部分孩子都是瞪大眼睛看著老師，等著老師給出現成的答案，很少有孩子主動說出自己的想法。

「好奇心」不等於「思考力」

美國心理學教授丹尼爾．威林在《為什麼學生不喜歡上學》這本書中，講到這樣一個認知原理：「人類天生好奇，但並不是天生擅長思考。」在什麼情況下孩子願意思考呢？就是讓他們有機會去體驗：在思考和解決問題的過程中，大腦會產生多巴胺，這會讓孩子有快樂的感覺。

如果我們提出的問題落在孩子的「舒適區」，孩子覺得無聊；如果問題落在孩子的「恐慌區」，孩子會有挫敗感，甚至不敢回答。真正好的問題是在孩子的「學習區」，這樣的問題就是孩子跳一跳就能搆得著的問題，解決這樣的問題會讓孩子有成就感，他就會沉浸在探索的世界裡，通過探索和實踐，形成自己有價值的觀點。

如何提出適合孩子學習區的問題，培養孩子的獨立思考能力？要知道，「問得對」比「問得多」更重要。孩子的思維能力發展是階梯性的，一定要尊重孩子的認知發展進度和能力水準，從最底層的思維能力開始訓練，幫助他「搭梯子」，讓他一步步循序漸進地發展獨立思考的能力。

心理學家埃裡克森把人的心理發展分成八個階段，他認為每一個階段都有一種主要衝突，衝突是先天預定的，如果處理得好，孩子就能恰當地應對接下來的困難，如果處理不好，就會有問題。

埃裡克森的第三階段：三～六歲的主要衝突是「主動」和「內疚」的衝突，也是培養孩子獨立自主能力的關鍵階段。這個階段的孩子特別想自己解決問題，想嘗試新鮮事物，如果做不好，就有內疚和罪惡感。

所以，我們既要尊重孩子的好奇心，也要有能力幫助他在一個又一個問題的解決中，找到學習的快樂。如果我們的問題一直停留在低階層面，孩子的思考能力不會自動提高到新的層面，這期間需要有「誘因」，也就是「教育環境」，而這當中最關鍵的，就是我們是否有意識地針對這個層面的能力進行啟發式提問，來鼓勵孩子一層層習得獨立思考的能力。

「知識記憶庫」是獨立思考的能源

孩子的思考能力是一步步被培養起來的，有了獨立思考能力，孩子的表達才更有說服力和影響力。我們用繪本《灰袍奶奶和草莓盜賊》來說說，具體上該怎樣循序漸進地培養孩子相對應的思考能力。

為什麼用這本繪本《灰袍奶奶和草莓盜賊》呢？這是一本無字書，無字書比有字書會給孩子更多的想像空間。這本無字書是茉莉．班精心創作的，為了把草莓畫得鮮美動人，她買了草莓，對著草莓畫畫。她女兒很想吃，但是她說要等畫完之後才能吃。有一天早上起來，她發現草莓少了幾個，原來前天夜裡，一個小小的草莓盜賊溜了進來。

她和女兒的故事也給了她無限靈感，於是她繼續創作，獲得了美國圖畫書的最高獎——凱迪克獎銀獎，也入選美國圖書館學會推薦書單。

這本書講了一個什麼故事呢？

有一天，灰袍奶奶在水果店買了一籃新鮮可口的草莓（這籃草莓一定很好吃，因為圖畫中灰袍奶奶的眼睛一直盯著看）。她把它拎回家時，卻被一個帶著紫色大帽子、藍手藍臉藍腳的草莓盜賊跟上了。

他悄悄地跟在灰袍奶奶的身後，草莓盜賊的腿又細又長，他把賊手伸向灰袍奶奶的草莓，卻被灰袍奶奶一閃躲開，然後跳上了公共汽車，在一個小站下了車。

可是沒想到，草莓盜賊踩著滑板追了過來。於是，灰袍奶奶逃進了沼澤森林，可是草莓盜賊一直跟了上來。灰袍奶奶把他引到了一片野草莓前，草莓盜賊嘗了嘗，嗯，好甜呀。他不再追著灰袍奶奶偷草莓了，而是坐在地上，大口地吃起野草莓來。

灰袍奶奶回到家裡，一家人興高采烈，手舞足蹈地吃起了草莓。

這本無字書裡面，不僅有一個驚心動魄的故事，還有很多有趣的小細節。比如草莓盜賊的腳後跟一抬起來，地上就長出一串蘑菇；草莓盜賊準備偷草莓的時候，灰袍奶奶一無所知，可是門把手憤怒地瞪圓了眼睛，所以灰袍奶奶發現了草莓盜賊，她一閃，草莓盜賊就撲了一個空。

這些有趣的小細節會讓孩子沉醉其中，禁不住想為什麼會這樣呢？在這樣浮想聯翩的細節中，我們可以慢慢培養孩子認知思考的能力。《Dr.魏的家庭教育寶典》裡提到：「現在很多人批判死記硬背，提倡教孩子批判性思維。但是，推理、判斷、問題解決等批判性思考的過程，需要調用基本的背景知識。」

這些基本的背景知識就是需要記憶的，如果長期記憶裡存的相關知識多，就有助於思考。所以培養孩子的獨立思考能力，先得做好記憶儲備工作才行。如何開始呢？有沒有一個科學系統的方式，可以帶領孩子循序漸進地培養獨立思考能力呢？

獨立思考的六層臺階

心理學家布魯姆提出思維認知的六個層次，對思考能力進行了分類，從低階到高階一共六層，思考能力發展是從底層開始的，就像上樓梯一樣，一層一層逐步上到最高層。從低階到高階的思維層次分別是：記憶、理解、應用、分析、評價、創造。我們通常習慣問的「記住沒有」、「對不對」、「有什麼」這樣的問題，都是第一層的低階思考能力。

第一層：記憶

記憶事物的基本資訊，也是孩子最基礎的認知能力。孩子通過記憶，可以回答人、事、物的基礎問題。我們通過 5W 提問式讓孩子記憶相關資訊：Why（為什麼）、What（是什麼）、Where（在哪兒）、Who（誰）、When（什麼時候）。

針對《灰袍奶奶和草莓盜賊》，可以提問：故事裡有誰？他們在哪兒？草莓盜賊想要偷什麼？

你覺得故事是發生在什麼時候呢？為什麼草莓盜賊想要去偷草莓？通過簡單的提問，幫助孩子記憶和認知。

孩子的記憶不是他想要記的事，而是他思考過的事。所以孩子看過不代表都能記住，記憶類的問題能夠記住的知識點，就像是一個大廚手裡的食材，如果想做一桌子美味佳餚，沒有豐盛的食材，計畫只能失敗。

第二層：理解

當孩子能夠記住相關的基本資訊，我們就可以用「理解類」的問題，讓孩子的思考能力上一層臺階，幫助孩子進一步理解事情的發展和故事的大概。理解類的問題用到的方式有解釋、舉例、分類、總結、推斷、比較和說明。

我們可以這樣提問：故事主要想說明什麼？為什麼草莓盜賊腳下會有蘑菇？草莓盜賊和一般盜賊有什麼不同？在引導孩子去理解時，可以用關鍵字「為什麼」、「說明了」、「有什麼不同」來看看孩子理解的程度。理解類的問題，就像給各種食材洗洗切切，把大的知識點切成小塊，便於孩子吸收理解。

第三層：應用

當孩子理解後，就可以把「學到的知識」和「現實中的場景」結合起來，融會貫通地應用資訊，這層認知能力的培養，有助於孩子深入思考和解決問題。我們可以這樣提問：如果草莓盜賊偷了草莓，會發生什麼情況？草莓盜賊除了想偷草莓，他可能還想偷什麼呢？灰袍奶奶還可以用哪些方法，能不讓草莓盜賊看到？

提問的關鍵字可以是：「有什麼情況是一樣的？」「還有……的方式嗎？」「如果……就會發生什麼情況？」這一步的關鍵，在於讓孩子學會去應用到自己的生活中，能夠舉一反三地解決問題，應用多了，孩子解決問題的能力也會增強。

應用類的問題，就好比根據食材的特點來處理食材，該蒸煮的蒸煮，該醃漬的醃漬，讓食材各盡其用，讓知識點能夠在不同場景下發揮作用。

第四層：分析

當孩子能夠融會貫通地應用資訊後，他會有很多的想法，想法一旦多了，就可能會亂。知識之所以能變成技能，就是通過建立框架結構實現的，這樣的框架結構會讓孩子思路清楚。

如何建立框架呢？我們需要引導孩子去分析「部分」和「整體」的聯繫，通過區分、組織、歸類來做分析，找共性或不同，分類或合併，幫助孩子理清思路。

比如可以這樣來提問：「你覺得灰袍奶奶的逃跑路線，哪個最好？為什麼？」「你有什麼辦法能夠讓草莓盜賊不再偷草莓了呢？」「你覺得草莓盜賊可能會住在哪裡呢？」

多讓孩子用發散式的想法去歸類、比較，不僅僅問故事情節裡的問題，還可以聯繫孩子的實際生活，進行相關提問，甚至可以讓孩子嘗試問類似的問題。在這裡，家長也要鼓勵孩子學會收集證據來證明自己的觀點。

可以用一些句式來幫助孩子的表達：

- **「我（不）同意，因為……」**
- **「我覺得，因為……」**
- **「我推斷，因為……」**
- **「我預測，因為……」**
- **「我懷疑，因為……」**
- **「我的理論是，因為……」**

引導的重點，是要讓孩子把「原因的部分」表達清楚。在這個層面，家長還可以和孩子做簡單的辯論，彼此找到證據，來證明自己的觀點，強化孩子對資訊的整理能力，為下一階段的思考做鋪墊。

分析問題就好比根據食材的色澤、烹飪的時長，來決定可以在食材裡做加法還是做減法，讓每種食材都根據你的判斷，呈現出屬於你的個性化味道。

第五層：評估

在這一層，我們需要引導孩子評出「合理」和「不合理」的地方，然後「有理有據」地提出自己的觀點。比如，我們提問：「你覺得灰袍奶奶有哪些特點你很喜歡，為什麼？」「為什麼你覺得灰袍奶奶這樣做是對的？」「灰袍奶奶為什麼要穿灰色的衣服，你有其他的建議嗎？」

評估類問題是自我反省的過程，就好比我們做好了一桌子的美味菜肴，現在我們來反思一下每道菜為什麼這麼好吃，或者沒做好的原因在哪兒。「評估」也是獨立思考的核心，因為包括「評價對方」和「反省自己」兩層思路，在評價的問題上多多訓練，能夠讓孩子不斷地對自己的行為進行優化，對別人的行為保持自己獨特的想法，不輕易贊同或否定。

第六層：創造

當孩子有自己獨特的觀點後，我們鼓勵孩子進行綜合性的創造，需要孩子進行歸納、計畫和創作。

比如，我們可以提問：「如果我們設計一個方案，讓草莓盜賊和灰袍奶奶成為好朋友，你覺得還需要什麼條件呢？」「有什麼樣的方法能夠改變草莓盜賊，讓他變好呢？」「你來設計一個防盜的草莓盒子，只要別人一碰，草莓盒子就會發出警報，看看需要什麼工具？」

創造性，是最高的思維層次，它是一種能力，更是一種態度。真正的高手，都是在創造層面去解決問題的，好比周星馳在《食神》裡創作的黯然銷魂飯，吃的人都會默默流淚，因為太好吃，也太令人難忘。他之所以能夠創作出這樣的作品，不僅源於他豐富的經驗，更源於對食材創作的熱愛。

教育不是灌滿一桶水，而是點燃一把火。只有讓孩子真正產生學習的熱情，他才會有新的想法，發展出新的思維方式。更重要的是，能夠創造性地解決問題是一個「社會過程」，大多數的思考過程，都是跟他人聯繫在一起的，孩子需要分享自己的想法，從別人那裡得到回饋，彼此借鑒靈感，也會在這個層面獲得更大的成就感。

一步一個腳印，循序漸進地帶著孩子攀登思考的臺階，不用擔心孩子的年齡，什麼時候開始提問都不晚。孩子在逐漸攀爬認知思維的臺階中，表達會逐漸有理有據，邏輯清晰，對任何人、任何事不會輕易盲從，而是有自己的觀點。更重要的是，孩子會不斷地思考，提出更精準的問題。

練習工具

玩轉問題選擇輪

用5W+1H引導孩子發現問題、學會提問

小時候，我們經常習慣等待大人的答案，很少被訓練如何去提問。在漫長的應試訓練中，我們總是想要解決問題，沒興趣提問，慢慢地喪失了發現問題、獨立思考的能力。

實際上，提出一個好問題，要比解決問題重要得多，問對問題才能做對事情，愛因斯坦曾說：「如果我有一個小時去解開一個性命攸關的困局，我會用其中五十五分鐘的時間，去確定應該去提出什麼樣的問題。」

獨立思考的培養是一個長期的過程，我們可以小步前進，先做好第一步「記憶類問題的訓練」。無論是看繪本還是遇到一件事情，要讓孩子學會問自己5W+1H類的問題。世界上任何大事小事，都可以用這樣的提問，問出有用的資訊來。

如果硬要孩子記住這六類問題有點難，可以帶著孩子玩「問題選擇輪」的遊戲。問題選擇輪是給孩子更多選擇，讓孩子有更多權利提問，並且能想出更多問題的好形式。

5W+1H六類問題怎麼列

第一步：和孩子一起學習六類問題如何問，全部列出來，讓孩子練習可以問的問題和各種問題的問法，把孩子的答案一一寫下來：

Who——這是誰在說？熟人？陌生人？權威人士？想想重要不重要？

What——他們在說什麼？這是一個事實還是一個想法？他們說話有足夠的根據嗎？他們是不是有所保留，有的話是出於何種原因沒說出來？

Where——他們在哪裡說這些話？在公共場合還是私下裡？其他人有機會發表不同意見嗎？

When——他們什麼時候說的？是在事情發生前、發生中，還是發生後？

Why——為什麼他們會這麼說？他們對自己的觀點解釋得充分嗎？他們是不是有意在美化或醜化一些人？

How——他們是怎麼說的？他們說的時候看上去開心嗎？難過嗎？生氣嗎？真心嗎？僅僅是口頭表達的，還是寫成了文字？

第二步：用硬紙做一個圓盤，按孩子的答案分成六等份，請孩子將剛才紙上的答案寫或畫在圓盤的各等份上（如下圖所示）；再用硬紙做成第二個等大的圓盤，也是畫出六等分，但是剪去其中一個等分扇形，用雙腳釘將第二個圓盤釘在第一個圓盤之上，釘住兩個紙盤的圓心，這樣扇形空出的空間，就可以看到一個等分的答案。這樣，問題選擇輪就做好了。

第三步：當孩子讀繪本時、遇到問題時，讓孩子自己轉轉問題選擇輪，轉到哪一類問題，就練習這類問題的提問。

一年要問出四百個「好問題」

教育學博士羅超猛在《現代教育報》上說：「一般在美國，一個學齡前孩子每年起碼會問四百個問題。在美國人看來，打破砂鍋問到底，絕對是件好事。」讓孩子學會獨立思考前，先要學會提問。

好的提問，能幫孩子比較深入和透徹地理解一件事，能夠發現問題、解決問題，這個過程能促進孩子去主動學習和探索，在今後的學習中，提問也有助於提升孩子的閱讀理解能力，激發好奇心。

我們要按照這六層臺階，從「提問」開始，帶著孩子一層層攀爬，培養孩子的獨立思考能力，而不僅僅是學知識，因為思考能力比乾貨知識的「增值」潛力大多了。

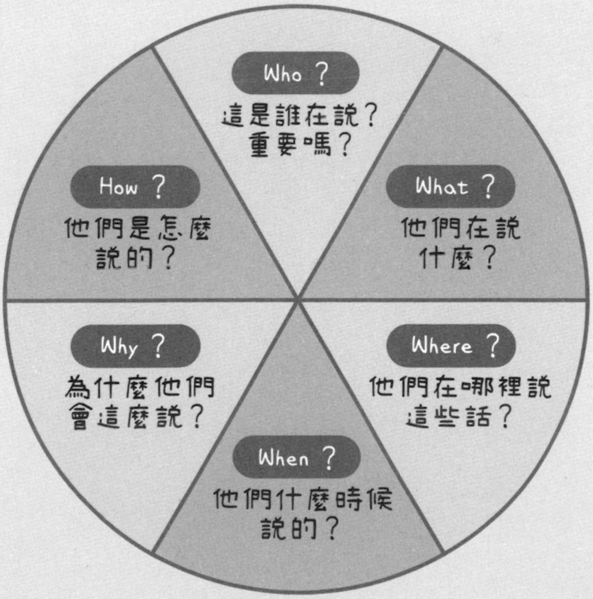

Who？
這是誰在說？
重要嗎？
What？
他們在說
什麼？
Where？
他們在哪裡說
這些話？
When？
他們什麼時候
說的？
Why？
為什麼他們
會這麼說？
How？
他們是怎麼
說的？

第3節

敘事技巧：講好一個故事的魔力

要想把話說得精采，就不能直接說出觀點，而是要去構想故事的寓意。

你可能有這樣的經歷，帶孩子參加朋友的家庭聚會，期待孩子能在大家面前做個自我介紹，所以去之前就跟孩子溝通好了，可是孩子在大家面前扭扭捏捏不願意開口，家長甚至「利誘」孩子：「你要說的話，媽媽就給你買佩佩豬的玩具。」可是孩子就是不開口。

下次我們換種方式，用講故事的形式鼓勵孩子：「昨天媽媽在書店的電梯裡，遇到一個頭髮花白的老奶奶，她很自豪的告訴我她女兒是月亮姐姐，她跟我分享了月亮姐姐最喜歡的句子：『你只要敢於開口，你就是英雄。』」

這樣一來，我們就可能成功的喚起孩子的注意力，尤其是給孩子講一個內涵深刻的故事。故事能夠在孩子的思想中發展並成長，當孩子感受到故事中的真理，他們就會想看到更遠的目標，接著會想要用正確的行動去實踐它。

吉姆．西諾雷利在《認同感：用故事包裝事實的藝術》一書中提到，故事大師告訴家長四種方法，如果家長運用到跟孩子的交流當中，孩子也會喜歡用故事的方式表達自己。

加點懸疑感：修改你的故事版本

所有的故事都是有含義和有原因的，我們可以用在日常對話中，引起孩子好奇。

你因為工作開會，到幼稚園接孩子遲到了一會兒，孩子說：「媽媽，別的家長早就來了，妳怎麼來得這麼遲？」

普通敘述：「今天媽媽工作開會，會議的時間比較長，所以媽媽遲了，希望你能理解哦。」

故事思維的修改版：「今天媽媽工作開會，會議的時間比較長，所以媽媽接你來遲了，希望你能理解哦。這次媽媽在會議上的一句話，讓大家覺得特別受鼓舞。」

然後戛然而止，留下懸念。家長可以在講話時，時不時看著孩子，帶著一點點觀察，讓孩子充分感覺到他在你眼中的存在，只需要保持「眼角觀察」，不必「端詳審視」。

埋設「祕密梗」，讓人追著想聽

僅僅增加了一個句子，就會讓孩子好奇媽媽做了什麼樣的發言，並且媽媽努力工作的形象也更加偉大。家長的故事描述讓孩子能聯想到「個人價值」，比如創新、探索、拼搏、不放棄等等。

除此之外，還要通過一種吸引人的方式，將家長想表達的含義說出來。

孩子不喜歡聽家長說教，比較喜歡通過自己的探索弄明白。這也是故事能夠吸引孩子的原因之一。就像是優秀的電影、小說、詩歌不會向讀者解釋背後的含義，而是讓讀者去思考一樣。故事用懸疑的方式，讓孩子忍不住想提問，會更加吸引孩子。

比如，你想給孩子推薦一本書：「孩子，你知道清華大學給新生準備的一份特殊禮物嗎？這份禮物被看作文藝青年和普通青年的分水嶺。」孩子一定會問你是什麼，為什麼會成為分水嶺。

比如，你想跟孩子說努力學習的重要性，你可以這樣來嘗試：「孩子，媽媽發現愈是厲害的人愈努力。今天知道有一個爸爸要照顧兩個寶寶，在三年裡陪孩子讀了三百本書，在半年裡拿到十個世界五百強的工作機會，並且用兩個月在職考上了財經類大學會計學博士。後來，你知道孩子變成什麼樣了嗎？」孩子會很好奇其中的原因，不斷地追問。

結論先行：但留下一個美味的餌

除了提供故事的「清晰脈絡」之外，我們要給孩子一個「主題」，然後再自由發揮。這樣孩子就容易抓住你講故事的重點。不然我們說完故事之後，孩子其實聽得迷迷糊糊，或者注意力半途就跑走了。

煽動情緒，調來全場注意力

故事的「爆點要放在前面」，結論先行。提煉爆點的訓練方法是：我們可以多看看報紙、新聞、公眾文章都喜歡用什麼樣的標題，通常標題就是文章的爆點。我們可以使用標題式引入對話，再接下來圍繞爆點講個故事，孩子會聽得有滋有味。

比如，我們想教孩子和小朋友相處的方法，可以用標題式這樣說：「你知道什麼是友誼的秘密嗎？」孩子說：「不知道。」

於是我們接著說：「有棵小橡樹，第一次結的果實——橡果，因為不好吃，受到了松鼠和森林裡其他動物的嘲笑。從此小橡樹變得很自卑，再也結不出橡果了。直到有隻善良的小松鼠不斷鼓勵小橡樹，讓小橡樹重新獲得自信。秋天的時候，小橡樹結了滿滿一樹好吃的果子。」

孩子通過故事，會慢慢體會到交朋友需要互相信任，互相鼓勵。

體會寓意：通過故事，感受行為的對錯

要想說得更精彩，就「不能直接說出觀點」，而是要去構想故事的寓意，根據我們所相信的價值觀來講故事。就像真正勇敢的人不會說自己勇敢，值得信賴的人，從來不會直接告訴你他是值得信賴的。

不要說破，幫故事戴上神祕面紗

比如孩子有情緒的時候，我們要讓孩子學會自我疏導，可以用故事來引導孩子：「有個叫霍斯的小朋友，今天和你一樣過得很不高興，他帶著一肚子怨氣回家。霍斯的媽媽有個好辦法呢！」設置懸念，等待孩子的問題，然後繼續：「那就是煮一鍋『生氣湯』！」我們要知道生氣本就是孩子的正常情緒，不應該抵制孩子的情緒，而是要教孩子學會如何自我疏導。

孩子通過家長的引導，慢慢會瞭解：原來每個故事裡都有各自的價值觀，同時，想表達自己的觀點，也可以用故事的方式呈現。

然後在故事裡和孩子繼續：「霍斯媽媽煮了『生氣湯』，那麼你想怎麼發洩你的情緒呢？」慢慢地，孩子就會說出自己的想法。

練習工具

故事結局反著說

帶孩子看見「獨特視角」和嶄新的「陳述方式」

孩子如果喜歡聽家長講故事，有很大的原因，是希望從故事中感受到獨特的視角和呈現方式，能夠聯想更多，有更多維的感觸。

我們希望孩子能有獨立思考的能力，能解決問題，就要讓孩子先看到很多不同的處理角度和方式。

比如繪本《紙袋公主》的情節，我們可以和孩子聊一聊：「公主用她的機智制伏了大惡龍，救出了王子。可是王子看著眼前的公主，覺得她穿得破破爛爛，就嫌棄公主。公主這時候做了什麼呢？」

停頓，留白，等待孩子的問題

然後繼續：「公主一腳把王子踢飛，然後向著一片陽光飛奔而去。」跟往常的王子公主不一樣，這個紙袋公主的處理方式太另類了，給孩子一個新穎的角度，去思考故事的結局。也許隨著閱讀的增多和時間的積累，孩子會逐漸明白對於女孩子，精神上的獨立自由，遠遠要比嫁人重要。

它告訴男孩子，你不是一旦西裝革履就必然紳士，懂得尊重與感恩是成為精神貴族的第一步。

像這樣，故事的結尾並不是刻板的「公主和王子過上了幸福的生活」。

我們在帶著孩子閱讀故事結尾的時候，可以用「如果某某不是這樣做，結尾會怎樣」，來鍛鍊孩子說故事的能力。

趨勢專家丹尼爾．平克說：「講故事將會成為二十一世紀最應具備的基本技能之一。」如何讓孩子的表達更有魅力？當家長用故事思維跟孩子交流，孩子會被家長吸引，更喜歡跟家長交流，也會潛移默化地用故事思維與別人交流，去吸引別人。

但不要希望通過一兩個故事立刻去影響孩子。《故事思維》提到：「影響就像鏡頭，一個鏡頭可以抓拍到一個漂亮的動作，一系列鏡頭才能展示多層次的行為。」平時生活中，多積累素材，多把故事用於場景中去練習，才能夠激勵孩子並引起共鳴和模仿，使孩子參與到價值觀和信念的交流中。

第4節

區分「事實」與「觀點」，讓孩子的語言更有說服力

我們聽到的不過只是一個觀點，而非事實。我們看到的不過只是一個視角，而非真相。

——《沉思錄》（Meditations）
勒內・笛卡兒（René Descartes）

原來，「糨糊語言」混在我們的表達裡

丁丁生氣地尖叫，就因為媽媽沒讓他去玩車上的把手。

「媽媽是個大壞蛋！」

媽媽又好氣又好笑：「車上的把手不能玩，危險，假如不小心把車門打開了，你掉下去怎麼辦！」

可是丁丁還是陷在自己情緒裡：「媽媽就是大壞蛋。」

媽媽問：「為什麼媽媽是大壞蛋啊？」

丁丁說：「媽媽不讓我玩，就是大壞蛋。」說完還覺得力度不夠，又加一句：「媽媽和大野狼一樣都是大壞蛋。」媽媽心想早上讀《小紅帽》的故事，孩子還記憶猶新。為了哄丁丁，媽媽變戲法般地從口袋裡掏出一個橘子，丁丁一看到橘子，笑了。

「大野狼是大壞蛋」就像千古不變的真理一樣流傳，然而卻不是事實，只是一種觀點。媽媽如果沒有進一步解釋，會給丁丁一種錯覺，覺得媽媽也是這樣認為。長此以往，丁丁表達的內容就會像糨糊一樣拎不清。

因為這樣的表達沒有事實依據，是沒有說服力的。要想讓孩子的表達言之有物，就必須能夠區別「事實」與「觀點」。如果孩子對外界的資訊沒有分辨照單全收，是一件極其恐怖的事情。那麼怎麼區別事實與觀點呢？

被唬大的孩子，分不清真假

是真是假，「事實」是能被證明的。比如足球是一種運動；我們居住在地球上等等。而「觀點」則是表達一種信念、感覺、看法的陳述，不需要證明。比如，我覺得草莓很好吃，我愛媽媽，等等。

四歲的樂樂和媽媽一起在公車站等公車，地上有廢棄的幾塊紅磚頭，樂樂看到，就蹲下來把磚頭一塊一塊壘起來，不一會兒手上、膝蓋上全是灰，媽媽不開心了：「快起來，磚好髒，你看你褲子搞得這麼髒，別弄了。」樂樂頭也沒抬：「不要，我要玩。」媽媽急了：「你不聽話，一會兒警察就來抓你。」樂樂趕緊站起來，看看有沒有警察來。

在和孩子溝通中，這種非事實的觀點比比皆是：「你不聽話老虎會來咬你」，「媽媽不要你了」，「你是媽媽從垃圾堆裡撿的」。如果我們經常說，孩子就會信以為真，內心會沒有安全感，覺得自己不聽話就會隨時受到攻擊，表面上是順從了家長的意願，但是膽量也會愈來愈小。

所以我們在引導上，首先應從自身做起，跟孩子溝通事實和正確的觀點，孩子才會慢慢分辨出事實和觀點的區別。有時孩子聽到的、看到的也很難分辨，但是孩子如果從小能有意識地去辨別：別人的話裡哪些是事實、哪些是觀點，孩子對自我和世界的認知就會愈來愈清晰。有沒有什麼方法能夠幫助孩子區分呢？

理清四個階段，讓孩子邏輯自洽

在英美教育體系裡，孩子從幼稚園到高中甚至大學，閱讀與寫作的練習中，都會涉及事實和觀點的辨析。

第一個階段：幼稚園～小學一、二年級

我們多舉日常生活中的例子，讓孩子做簡單的區分練習。

剛開始讓孩子從簡單的例子去學會分辨，什麼是事實陳述，什麼是觀點陳述。經常區分事實與觀點，孩子會清楚哪些是真實的事情，哪些是個人的觀點，在表達上就不會像和稀泥一樣混為一談。

比如你拿出一個蘋果，說「這是一個蘋果」和「我愛吃蘋果」，問孩子哪個是事實陳述，哪個是觀點陳述，讓孩子辨別。從解決問題的角度，要想先判定一句話究竟是觀點還是事實，最好的辦法，就是幫助孩子重述這句話：「這句話是想像出來的，還是真實存在的？」發揮想像，重新定義句子，本身就是解決問題的有效方式。

孩子通過不斷地區分事實和觀點，也會對自己的想法愈來愈瞭解。孩子會慢慢發現有很多形容詞的句子，多半是一個觀點；涉及數字、歷史的句子多半是事實。

第二個階段：小學中高年級時期

我們引導孩子要學會用事實去支撐自己的觀點。

教會孩子觀點表達，比如在「我相信、我喜歡、我總是、我感覺、我從不」之類的觀點後，還要再加上事實。

同時我們也要注意自己的語言，有時你不知不覺給孩子貼了觀點標籤：「這個孩子真磨蹭」、「怎麼這麼笨」……所有這些觀點都被當作事實強加給孩子，給孩子形成很強烈的心理暗示，這些心理暗示會跟隨著孩子到成年，影響孩子的一生。所以我們的觀點標籤後面，也要加上事實。比如你可以說：「你好磨蹭，吃飯吃了四十五分鐘。」

第三個階段：國中時期

引導孩子看到即使是事實陳述，也會夾雜觀點和偏見。

比如在歷史的撰寫中，不同人寫出來的事實陳述都是不同的。

我們可以和孩子找一篇新聞，問孩子：「你怎麼確定這篇新聞是事實，還是觀點？」「同樣是新聞，不同平臺的新聞有什麼區別？」「有哪些文章把事實和觀點混一塊兒了？」「你覺得區分事實和觀點容易嗎？」

第四個階段：高中時期

這個階段對孩子的「思辨能力」要求會更高。

課堂上老師也會引導孩子在文章中，去辨別那些偽裝成事實的觀點，分析作者可能的動機。

孩子慢慢能夠辨別事實與觀點，對自己和世界的認知都會比較清晰，在有偏見的觀點面前，會敢於表達自己的想法，邏輯自洽的語言會更有說服力。

適度「劇透」，快速抓住別人的注意力

當孩子能夠明白事實和觀點的區別後，就可以在表達上獲得先發優勢，因為區別事實和觀點，是培養孩子批判性思維的起點。當孩子表達想法時，就可以先亮出自己的觀點，然後用例子來證明，也就是結論先行，給出一些理解的方向和線索。

這裡說的結論，也就是觀點，一次只表達一個想法，最好只出現在開頭。為什麼放在開頭會比較好呢？

大腦只能「一句一句」的去理解

《金字塔原理》提到：「聽眾的大腦只能逐句理解作者表達的思想，孩子們會假定一同出現的思想，在邏輯上存在某種關係。」當孩子說一段話後，聽的人只能一句一句地去理解，在這個過程中，有可能存在理解偏差，甚至搞不清孩子想表達什麼。如果孩子能夠先說出自己的觀點，那麼聽起來就不費力了。

五歲的豆丁從動物園回來很興奮，嘰嘰喳喳地對奶奶說：「奶奶，我今天去動物園了，動物園裡有大象，還有猴子，猴子屁股是紅色的，還有獅子，獅子在睡覺。」奶奶笑眯眯地說：「哇，看到了這麼多動物呀，還有嗎？」豆丁趕忙說：「還有啊，還有一隻大熊貓，我最喜歡大熊貓了。」

奶奶說：「為什麼呀？」豆丁說：「因為大熊貓好可愛。」

豆丁說了這麼多，最後奶奶才明白，豆丁最喜歡的動物是大熊貓。

所以，如果豆丁在一開始就亮出觀點，表達就會清晰很多。比如像這樣：「奶奶，今天去動物園了，看到好多動物，我最喜歡大熊貓，因為大熊貓好可愛，還看到大象、猴子、獅子了呢。」這樣表達就清晰多了。當孩子能通過結論先行的方式來表達想法，孩子的表達就會更容易被別人理解。

「因果關係」的推論與反證

我們需要在日常生活中，根據具體情境和內容，隨時隨地引導孩子。在引導中，需要幫助孩子深入理解事物之間的因果關係。比如孩子說「我喜歡踢球」，我們可以引導孩子進一步說說為什麼喜歡踢球，比如「踢球帶來的感覺很好」。雖然很簡短，但已經是一個有效的表達了。

豆豆四歲了，平時很喜歡問為什麼，對任何事情都充滿好奇。有一天晚上豆豆和媽媽一起吃葡萄，吃了幾顆後，豆豆告訴媽媽：「媽媽，我吃的都是沒有籽的。」媽媽說：「我吃的都是有籽的呢。」

她自信地從碗裡挑了一顆圓圓的葡萄告訴媽媽：「媽媽這個沒有籽。」媽媽吃了，真的沒有籽。

媽媽問：「妳怎麼判斷葡萄有籽沒有籽呢？」豆豆說：「我在幼稚園吃葡萄時慢慢知道的。我喜歡吃圓圓的葡萄，因為圓圓的葡萄沒有籽，不圓的有籽。」

後來又吃了很多葡萄，豆豆發現原來圓圓的葡萄也有籽，很失望。媽媽看到豆豆一臉失落的樣子，趕忙鼓勵豆豆：「豆豆說得很棒，不僅跟媽媽說了自己的想法，還跟媽媽說了原因，這樣的表達媽媽很喜歡。」豆豆一聽立馬眉開眼笑，以後說話就喜歡說「因為……」。

在孩子的表述中，我們儘量讓孩子說出具體的細節，比如看到、聽到、感受到的細節，讓論證的部分更充實。

練習工具

紅筆 vs 藍筆大作戰

利用組織流程圖，以「事實」來支持「觀點」

在實戰中，我們還是要通過閱讀，來幫助孩子一步步學習如何分辨事實和觀點。

對於幼稚園和小學低年級的孩子，我們引導他們把是觀點的句子畫上紅線，是事實的句子畫上藍線。

對於小學高年級的孩子，我們可以讓他嘗試根據畫紅線和藍線的句子，來說說自己的想法，其實也是表達觀點的一種方式。

國中或者高中的孩子可以用「組織流程圖」，畫出觀點和事實之間的聯繫。比如，作者說出一個觀點，會有兩到三個事實去支撐觀點。還可以在新聞媒體上閱讀文章，尋找作者的觀點，以及支撐其觀點的事實。

學會區別事實與觀點，學會使用事實去說明觀點，能夠幫助孩子形成自己的主見，敢於發出不同的聲音。《一歲就上常青藤》裡提到：「常青藤原則培養的是說話的孩子，而不是聽講的孩子。孩子要在表達自己的過程中，加深對世界的認識。」

KEY

6

打不敗、偷不走的氣質與氣勢！
大師典範從小開始培養

必學！四大語力素養，塑造孩子獨特的演說風格

一個有智慧的家長，會不斷地為孩子的演說創造機會、搭建平臺，讓孩子不斷與很強的東西、可怕的東西、水準很高的東西碰撞，孩子才知道自己想演說什麼、如何演說。

第1節

通過「信念感」，讓孩子看見高段位的自己

讓你的智慧保持熾熱，讓你的淚水保持閃耀，那麼，你的生命就會日新又新。不要介意像小孩般愛哭。

——《魯米詩篇：在春天走進果園》(The Essential Rumi)魯米 (Rumi)

樹立典範：先看見，再成為

不知道你有沒有這樣的煩惱：孩子不愛演說怎麼辦？

我告訴你一個真實的故事，或許在其中，你就能夠找到答案。

我的好朋友Liliane，《親子溝通密碼》的作者，她很擅長演說，很遺憾的是她的這個優勢，並沒有遺傳給她的女兒童童。

童童是個對演說不感興趣的小姑娘。但是，Liliane並不著急，因為她在等待時機，激發孩子主動要求學習演說。

機會來了，Liliane 新書上市，她趁在做全國巡迴簽售之機，邀請童童來參加她的演說。

記得 Liliane 告訴我說：

「在我演說完之後，很多媽媽哭了，並且上臺來擁抱我，我女兒也和媽媽們一起過來，給了我一個深深的擁抱，看來，她被我打動了。

回家之後，我問我女兒：在演講過程中，哪個點給妳的觸動最大？

她說：『媽媽，當時妳問了大家一個問題：各位媽媽，對於改變，妳們是想要，還是一定要？所以，當時我也在思考，對演說這件事情，我是想要學習，還是一定要學習？現在我決定了，我一定要學習！』」

後來，童童跟著 Liliane 去了各大演說場合，和媽媽一起去分析對方演說的優點、弱勢、邏輯、架構、故事和表達特質，甚至小試牛刀，參加了演說比賽。

你看，一個不愛演說的孩子，也可以跟隨著內心的火焰，登上演說的舞臺。這是為什麼呢？信念感！

這是我們在演說中的信念感。

當孩子看著媽媽通過演說，影響和幫助更多人的時候，她也想成為像媽媽一樣有力量的人。

孩子的未來，取決於他現在的「信念」

美國著名心理學家阿爾伯特・艾利斯提出的ＡＢＣ理論認為：我們對外界問題（Ａ）會做出

何種反應（C），本質上不取決於我們遇到的問題（A），而是取決於我們的信念、看法和解釋（B）。

A (Activating events) 誘發刺激

B (Beliefs) 信念反應

C (Consequences) 行動結果

這三者的關係式：誘發刺激（A）↓信念反應（B）↓行動結果（C）

在演說中，我們首先要引導孩子先看見他「想成為的畫面」（A），愈具體愈好。當孩子看見那個畫面之後，去感受去體驗，然後，孩子很自然地就會想成為畫面中的樣子（B），從而愛上演說（C）。

所以，如果父母有時間，也可以帶孩子到演說會現場去感受、去體驗，如果因為工作忙或者是其他原因去不了，也可以讓孩子去想像那個他想成為的樣子，愈具體愈好。

而且，思想先於具體的事物。

《情緒的驚人力量》說到：「萬物的創造總是先有思想，你周遭所看到的一切，之前都只是一個想法或念頭。」

當孩子在想像中先看見「他想成為的樣子」，他會在生活中不斷產生更新更好的願望，內心世界也在持續跟著擴展。

問題來了，如果孩子之前沒有看見過「他想成為的那種人」是什麼樣的生活方式、什麼樣的狀態和能量，他是沒有辦法空想出他想成為的樣子的。

拜訪牛人：幫孩子看見「他想成為的樣子」

觀眾點擊量超過三百萬次，美國九歲孩子羅根·拉普蘭特的演說，講述了通過她的想像看見了她想成為的人。

羅根·拉普蘭特在TED上做了「用Hacker思維學習」的演說，她說因為看見極限滑雪者Shane McConkey的滑雪方式非常令人驚駭，比如貓跳滑雪、極限滑雪、定點跳傘，她也想用這種方式來學習和生活。她透過社區活動，學會如何在險境中提高警覺和處理緊急事故；在野外求生課上，學習製作矛與弓箭、鑽木取火以及動手搭帳篷；在大白鯊印刷廠鍛鍊設計和銷售能力。

我們嘆服羅根學習的精采，只有羅根知道她曾經看見過「高段位的精采」，她在演說時綻放的自信和能量也源於此。這種自信是從心出發，盡情看見並體驗後的自然流露。

問題是我們如何幫助孩子，去看見他們想要成為的樣子呢？

這個秘訣就是發展你生活中的「重要關係」。生活當中總會有一些貴人，他們的視野、領域、能力，或給你的關鍵指導，讓你變得更有能量。我們需要思考這些人的生活方式，是否可能讓孩子感興趣，然後，有意識地和貴人們在家庭生活上有更多的交際。

五人定律：不斷和厲害的人碰撞交流

美國成功學的創始人吉姆・羅恩曾說過一句著名的話：「你是與你相處時間最多的五個人的平均值。」

「五人定律」慢慢延伸為：你的財富是你身邊最近五個人的平均值；你的智慧是你身邊最近五個人的平均值；你的性格、愛好、價值觀、審美，會和最親密的五個人愈來愈像。

那麼接下來你需要圈出最重要、你最欣賞、最希望成為的五個人，重點是帶著孩子和他們發展關係。我們甚至可以分領域去發展，列出重要關係清單：

- **家庭身分的你，最想來往的五個親友是誰？**

____、____、____、____、____

- **社會身分的你，最想結交的五個業內同行是誰？**

____、____、____、____、____

- **自我的你，最想學習的五個人是誰？**

____、____、____、____、____

帶著孩子一起和對你重要的五個人發展關係，可以帶著孩子去上重要人士的課；帶孩子和重要人士約見聊天，讓孩子參與提問，互相交流感受。帶著孩子不斷和很厲害的人碰撞交流，這樣孩子就會有很多觸動，想要表達，有內容想要分享，有話要說。

我的朋友苗老師就是這樣做的，她帶著兒子去上了許晉杭老師的演說課程。課上，兒子積極回應晉杭老師，在氣氛熱烈的時候，他甚至還站在凳子上為媽媽的演說加油助威，課後也一直對晉杭老師的金句念念不忘。

上完課回到家裡，兒子有一次突然問媽媽：「媽媽，妳的夢想是什麼？」讓苗老師特別感動。過年期間苗老師開了家庭會議，兒子聊著聊著，就說到想成為像晉杭老師那樣的人，於是決定一起和媽媽演說打卡。更幸福的是，爸爸也加入演說的隊伍當中。現在是一家三口，兒子給爸爸演說打卡，爸爸給媽媽演說打卡，媽媽給晉杭老師演說打卡，每個人都會監督另一個人，形成一個良性迴圈。

如今一家人每天淩晨四點多起來跑步，跑到空曠的地方停下來，三個人輪流演說打卡，打完卡後把視頻發到群裡，振奮和激勵群裡的夥伴們。

正是苗老師的孩子，先看見晉杭老師在講臺上能量滿滿、幽默風趣的樣子，才會想要成為晉杭老師的樣子。先看見，再成為，能喚醒每一個孩子內心對演說的渴望。

資源就是力量：多管道、多感官體驗

在家裡，我們也可以通過閱讀或看演講視頻，來讓孩子看到他想成為的樣子，這裡給大家推薦幾個微信公眾號和網站：

微信公眾號

- **小花生：**裡面有孩子們的閱讀記錄，分齡化的必讀書單為孩子推薦各種好書。
- **少年商學院：**世界名校通識課，和全球最好的素質教育專案，通過線上直播與線下實踐相結合的方式，帶給中小學生孩子們的故事和做事方式，會給孩子新的啟發。
- **凱叔講故事：**收錄很多童話、寓言、歷史、科普等優質好故事，可以成為孩子演說的素材。

網站推薦

- **www.ted.com**：TED演講的宗旨是「借思想之力，改變世界」，召集全球各領域的專家學者，用演講的形式分享有價值的觀點。
- **www.yixi.com**：以演講鼓勵分享眾人的「見解、體驗和未來的想像」，是現場演說和網路視頻結合的平臺，也是非常好的演說平臺。
- **《開講啦》**：中國青年電視公開課，邀請「中國青年心中的榜樣」作為演講嘉賓，分享對於生命和生活的感悟，相信能給孩子帶來更高層次的思考和心靈的滋養。
- **《超級演說家》**：一檔語言競技真人秀節目，以「挑選中國最會說話的人」為目的，讓孩子感受到說話的魅力和重要性。

每看完一個視頻或一篇文章，我們可以和孩子聊聊，他最喜歡什麼，又收穫了什麼，這些高手的人生教會了我們什麼，彼此交流意見。

在家練習的方式也要多樣化，比如一面鏡子也可以讓孩子「看見」那個高段位的自己。

練習工具

未來王者魔鏡

照見高峰、低谷，與金光閃閃的自己相遇

演說其實是一條自我實現的路，在這條路上，孩子一定會有各種各樣的情緒，比如說不耐煩、焦慮、有壓力。

正是因為有這些負面情緒的存在，所以，我們每天需要帶孩子去練習快樂，練習喜悅，練習豐盛，練習平靜，練習幸福。怎麼做呢？我們和孩子一起站在鏡子面前，告訴他這是有宇宙吸引力的魔鏡，可以吸引一切他想到的事情來到身邊。

用這樣的語言開始：「現在讓我們平靜下來，用鼻子慢慢吸氣，用嘴巴輕輕吐氣，我們給自己一個微笑，想像自己五年後、十年後，你成為一個超級演說家，站在萬人矚目的舞臺上，聚光燈緩緩照到你的臉上、眼睛上、眉毛上，所有人的目光都聚在你身上，這一刻你無比閃耀和自豪。」

讓孩子看見高段位的自己，會讓孩子更有掌控感，獲得自己想要的人生。不斷練習孩子的「看見」，慢慢地他會發現內在那個金光閃閃的自己。

什麼時間演練最好呢？給大家三個時間祕訣：

最佳時機一：高峰時刻

高峰時刻的練習，就是讓孩子在每次考試進步了，或者是受到表揚了，或者是對別人有幫助，或者是獲得某項榮譽的時候，站在鏡子面前，看見他這個時候的樣子，讓他說一說這個時候的自己是什麼樣子，他感受到了什麼。

在不斷感受的聯想中，會激起他對「自我價值」更多的探索欲望。

最佳時機二：低谷時刻

孩子在低谷時刻更需要「看見」——看見在低谷中的自己。這時告訴孩子：人生有高峰必然會有低谷，而且低谷很多。我們需要在低谷時刻積聚力量。告訴孩子：看過高山也看過低谷，並且堅持努力的人，才能夠真正獲得自我實現。

最佳時機三：儀式感時刻

平時我們就需要多帶孩子體驗「看見」，在鏡子面前，我們讓孩子穿上最喜歡的服裝，放上夢想版音樂，或者是孩子喜歡的音樂，讓孩子看見鏡子裡的自己充滿儀式感，孩子會很喜歡這樣閃亮的自己。

電影《阿凡達》中，男女主角常說這樣一句話：「I see you。」我看見你了。而看見，就是愛。先看見，再成為。關係中的「看見」，就是愛的力量。讓孩子看見過高段位的牛人，也看得見高段位的自己。

我們帶著孩子先看見他想成為的樣子，喚醒孩子內心的熱愛。這一路上，你會發現熱愛演說得到的好口才，只是孩子意外收穫的禮物。

第2節

優秀的演說家都從「show and tell」開始

這個世界的偉大之處，不在於我們的現狀，而在於我們如何選擇前進的方向。

——美國法學家 小奧利弗・溫德爾・霍姆斯（Oliver Wendell Holmes, Jr.）

有一段時間，美國總統候選人辯論開戰。這場九十分鐘的辯論估計吸引了超過一億人觀看，我們情不自禁感歎美國人對自己觀點的陳述是如此自信，無論是演說還是辯論，在眾目睽睽下的表達有理有據，思路敏捷清晰。我在敬佩的同時，也去探究美國基礎教育的模式。在北美教育中，從幼稚園開始，老師就用「show and tell」（展示並表達）的方式訓練孩子的演說能力。

什麼是「show and tell」？簡單來說，就是老師讓孩子帶來一個物品，讓孩子當場展示給別的小朋友，並且解說相關故事。

為什麼從小就要有意識地訓練孩子的演說能力？演說的本質就是「輸出」，如果孩子思路清晰，演說能力強，那麼孩子以後在人際關係上就會如魚得水。

如果孩子在公眾場合彆彆扭扭不敢說話，或者說了一堆，卻不知道真正想說什麼，有時又前言不搭後語，說話沒有邏輯性，那你就可以從「show and tell」開始，幫助孩子提高演說能力。

從基礎框架定位，讓孩子找到演說的軌道

在美國幼稚園和小學低年級階段，老師會經常強調一個這樣的表達框架：觀點+原因。在最初的階段，老師會花費很多時間讓孩子區別觀點與事實，用海報、牆貼、遊戲讓孩子明白：觀點就是一個人對一件事的感受和想法。

為了讓孩子更容易接受，老師會經常用一些固定句式讓孩子學會套用。比如：

「我覺得……」

「我認為……」

「在我看來……是最好的。」

「兩者之中，我更喜歡……」

當孩子使用這樣的句式多了，便開始明白哪些事情可以表達觀點。這時，老師會花更多時間做另一件事——讓孩子明白：觀點是需要去證實的。

觀點，要用「原因」去證實

如何讓孩子去思考原因呢？其實就是平時多問孩子為什麼。比如，「為什麼要挑選這個？」「為什麼有這樣的想法？」「為什麼覺得這個好玩」等。深究「為什麼」可以讓孩子更加深刻地認識自己的需求。對自己有更多認識的孩子，愈是會梳理和判斷各種資訊的優先順序。

一個美國幼稚園的孩子這樣表達：「我認為小貓是世界上最好的寵物，因為牠會睡在你腿上，很好玩，還能爬樹。」觀點＋原因，這個表達很簡單，孩子很容易掌握，而且孩子的表達結構是有邏輯的。

有的時候會遇到孩子想不出來原因的情況，怎麼辦？不要逼孩子，而是要思考家長平時這樣的表達方式是不是足夠多，是不是還沒有習慣去思考原因。別著急，給孩子一點時間，慢慢來。

你可能就經歷過球球媽媽的體驗：

球球媽媽帶四歲的球球在外面吃飯。

媽媽：「你看看菜單，你選什麼菜？」

球球：「我不知道選什麼菜。」

媽媽：「那你再看看。」

球球：「選這個。」

媽媽：「為什麼選這個？」

球球：「我不知道為什麼。」

這可能是孩子最真實的表達，一開始孩子真不知道自己該說什麼。這是孩子必然會走過的一段路，不要著急，慢慢引導。有時候你愈想要孩子這樣去說，孩子就愈排斥。所以，我們先自己大量地說這樣的句式，句式是一種框架，說得多了，無形之中就會影響孩子的表達。

場景傳播：語言裡的「畫面感」與「劇情張力」

有什麼更好的方式來介紹物品呢？答案就是講故事。故事可以讓孩子走出當下，展望未來，甚至可以幫助孩子應對那些突如其來或者是未知的事情。

丹尼爾．平克曾這樣說：「講故事將會成為二十一世紀最應具備的基本技能之一。」既然講故事的方式很好，具體怎麼做呢？給大家分享三種方式：

具象：提升孩子演說的畫面感

不要泛泛去說，引導孩子給出具體的細節描述，在孩子詞彙量貧乏的時候，讓孩子使用顏色、數位、形狀等慢慢嘗試。細節的描述多，聽眾的腦中就會有畫面，容易對孩子說的內容產生共鳴。

比如：「今天我帶來的是一隻小貓。」這句話沒有任何畫面感，如果孩子這麼說：「今天我帶來的是一隻小貓，牠眼睛像是深邃的湖水，特別迷人。小貓不大，半歲左右，特別可愛。開心的時候，不時地用牠舌頭舔牠的小爪子，好像很享受。」這樣的描述頓時就有了畫面感，有助於聽者發揮想像。

如果希望孩子的演說具有畫面感，需要用好三類詞：動詞＋形容詞＋量詞。

- **動詞**：是用行動把人物和東西串起來，讓別人知道事情發生的先後順序。動詞例子：「開心的時候，不時地用牠的舌頭舔牠的小爪子，好像很享受。」
- **形容詞**：是描述個人行動的感受、事情的分寸與變化。形容詞例子：「今天我帶來的是一隻小貓，牠眼睛像是深邃的湖水，特別迷人。」
- **量詞**：能讓觀眾在大腦中呈現事物的輪廓。量詞例子：「小貓不大，半歲左右，特別可愛。」

這三種詞彙都是對人物或者環境的一些關鍵性描寫，就像一個特寫鏡頭拍到事物原本清晰的模樣。讓孩子學會描述和講解，加了這三類詞後，孩子的語言就會有畫面感，想像和表達能力都會提升，這比單詞記憶和背誦更有利於孩子的成長。

留下懸念：吊足胃口再繼續

除了具象，還有什麼方法讓孩子講故事更有吸引力呢？剛開始，孩子一上臺進行「show and tell」時，會不知道說什麼，說明完自己帶的東西就結束了，接下來只能在老師和同學的提問中，乾巴巴地你問我答。

要避免這種情況，我們就要教會孩子一個秘訣：留下懸念，在表達中留下「鉤子」，吸引大家往下聽。我們看看新加坡幼稚園的 Joy 小朋友是怎麼介紹小彈球的。

Joy 一上來先給大家做了一個演示：「看，你們能想像這個小球會彈多高嗎？」看到球能彈到屋頂，孩子們都激動不已，Joy 又問：「你們知道我從哪兒拿到這個小球的嗎？」一下把大家的胃口都吊起來了，Joy 再不疾不徐地開始介紹這個小球的來龍去脈。

懸念像是一個鉤子，鉤住大家對展示物品的興趣，讓大家聽得更專注。

設置「困境」：製造演說爆點，高潮迭起

孩子的故事裡如果主角一切都順利，聽眾會感到無味，認為故事太平淡。只有讓主角不時處在困境中，故事層次才會更飽滿。如何在故事中設置困境呢？

第一：限制時間

故事中的人物必須在規定的「最後期限」前完成任務，故事的風險就變得更高。比如女孩喜歡聽的《灰姑娘》就必須在十二點前回家。

我們要引導孩子在介紹物品的時候加入時間的概念，用限制時間的方式。續用新加坡小男孩 Joy 講彈球的例子，比如可以這樣說：「我很喜歡玩彈球，可是媽媽只能讓我在寫完作業後才能玩

彈球，每次寫作業的時候，我都恨不得一下就寫完，這樣我就可以玩我心愛的彈球了。」

第二：限制空間

故事中主角必須在特定的物理、關係或情感空間中完成自己的目標時，衝突也會出現。《侏羅紀世界2》中的歐文和克雷爾，他們的任務是拯救一個小島上剩餘的恐龍，以免火山摧毀島上的一切，小島就是衝突的關鍵。

我們也可以用彈球的例子，採用限制空間的方式來設置衝突，比如可以這樣說：「玩彈球，一不小心就滾到床底下去了，可是床下好黑，我手又搆不到，小朋友們，如果是你該怎麼辦呢？」

第三：限制角色的選擇

第三種方法就是讓故事中的角色逐漸被困住，使聽眾愈來愈緊張。許多故事都是從主角擁有無限的選擇開始的，隨著故事的推進，慢慢把選擇一個一個排除。比如在《爺爺一定有辦法》這一繪本中，爺爺給約瑟的毯子愈來愈小，小讀者總擔心約瑟用不了毯子。這就是選擇愈來愈少的衝突。

比如彈球的例子，用限制角色的選擇來設置衝突，可以這樣說：「我正在樓下一個人玩彈球的時候，調皮鬼鬧鬧一下子衝過來，把我的彈球搶走了，氣死我了！」本來自己玩，現在卻不能玩，這個衝突一下子就把孩子們代入情景中，感受主角的難過。

練習工具

箭頭衝突遊戲

巧妙設置演說中的磐石、激流與柳暗花明

用一個箭頭遊戲，教會孩子設置故事的衝突。

「衝突」是故事的靈魂。如果孩子在故事的衝突上多做文章，那麼他的演說魅力會放大百倍。任何技巧都是要刻意練習的，介紹物品的主題訓練我們就可以先用起來。

在孩子演說群的打卡中，我也經常發現很多孩子介紹自己的生活用品。比如東東就介紹了自己的美國隊長行李箱，介紹的時候，看著他把行李箱拖過來擺過去的樣子，就知道他很喜歡這個行李箱。

他是這樣介紹行李箱的：「我來給大家介紹一下這個行李箱的構造，它是由四個輪子、四個防撞的塑膠護角、把手、拉鍊、提手來構成的。有人問我行李箱最多的材料是什麼？是裡面藍色的裁布。我來打開給大家看一下。」

如果我們用說故事的方式，讓東東來介紹物品就會更有趣了。遊戲分為三步：

第一步：描述主角物：請孩子描述一下他是如何得到行李箱的。

第二步：豐富劇情的「梗」：給孩子一個話筒，告訴孩子這是魔法話筒。當擁有魔法話筒的時候，我們的故事就開始變身，故事就會愈來愈有趣。

第三步：玩箭頭遊戲：我們可以用這樣的話術來開始：

「親愛的故事魔法師，接下來，一起感受你的魔法故事時刻。」

接下來就可以一起來完成箭頭遊戲了。

剛開始的時候，我們可以帶著孩子一起玩，慢慢過渡到我們說的箭頭遊戲，孩子就會自己知道故事的三種變身方式。

練習得多了，孩子演說就成了在講故事。當孩子投入一個個有衝突的故事中，我們也會跟隨著孩子經歷內心的變化，體會到他對世界的洞察。也許他的人生比我們更精采，因為他輸出的不是「道理」，而是用「講故事的方式」，將意義直接注入自己的信仰體系，不會直接告訴我們什麼是對的，而是通過故事讓我們去感受。

我有一個美國隊長行李箱	限制時間	我很想每天都帶著它出去玩，可是媽媽說只能去旅行的時候帶著它。
我有一個美國隊長行李箱	限制空間	每次出去玩的時候，我都想帶上我的書、水槍、積木、小汽車，可是箱子太小了，裝不下怎麼辦呢？
我有一個美國隊長行李箱	限制角色選擇	爸爸上次沒有經過我的同意，就把它借給他同事的孩子了，我很生氣，一整天都沒和他說話。

第3節

藝術：讓孩子的語言開出色彩斑斕的花朵

「這就是我」的歡呼，就是藝術作品的最高境界。

——《優秀的綿羊》（Excellent Sheep）

威廉・德雷西維茲（William Deresiewicz）

讓孩子與世界交流更有火花，該怎麼做？

藝術的力量，如英國詩人雪萊所言，會讓我們的靈魂驚醒過來。藝術，能讓一個普通的孩子，一下子擁有一個自由敘述的途徑，可以無拘無束地進行心靈的秘密對話，甚至先於語言。

通過藝術，孩子更瞭解自己，因為孩子從藝術作品中看到了自己，這種體驗就是佛洛德所講的「既陌生又熟悉的感覺」，孩子會發現另一個自己。這就是藝術的魅力，它帶孩子去了遠方，在去遠方的途中不斷認識自己、發現自己、成為自己。充分體驗過藝術的孩子內心更豐盈，語言會帶有自己真實的感悟，因此更能打動別人。

情緒解碼：看見他的畫，聽見他的心

航航是一個三歲小男孩，活潑好動，想法特別，他的藝術作品很有意思。比如別的孩子喜歡畫蘋果、小鳥、小花，他喜歡畫垃圾桶、下水道、馬桶。有一次在「我愛曲奇餅乾」主題的藝術課上，老師提供了很多種顏色的黏土，讓孩子們創作一個圓形的曲奇餅乾。

有的孩子用黏土創作了一個蛋糕，有的孩子創作了一個太陽，航航創作了一個鳥巢！因為他剛開始不願意做餅乾，不情願地把畫筆在黏土上戳戳戳，戳出很多洞，然後把所有的顏色混合到了一起使勁攪，變成了黑灰色，他告訴媽媽他做的是鳥巢。

航航媽媽一看臉色立馬變了，但坐在航航身邊忍住沒說什麼。下課後航航媽媽第一個跑過去問老師：「為什麼其他孩子做的好漂亮，航航做的這麼醜？不是要求做餅乾嗎，孩子怎麼做了個鳥巢？」

老師說：「藝術創作在於過程的體驗，結果是什麼並不重要。藝術課是鼓勵孩子有不同的表達方式，航航做出鳥巢就是很好的創意。」同時，老師也詢問航航在家媽媽的教育情況，發現航航很多事情都非要按照自己的想法來不可，而媽媽處理的方式有些強硬，有時不理航航，有時如果航航不聽，媽媽就強制航航執行。

老師從航航的創作中，感受到孩子對媽媽的敵意，因為航航沒辦法清楚地表達自己，所以通過藝術來發洩情緒。比如他創作的時候很用勁地戳黏土，混顏色的時候混的速度很快，不停地塗來塗去，好像很煩躁的樣子。

老師說：「航航的藝術作品，告訴家長孩子的心裡在想些什麼，孩子的顏色塗得又快又亂，可以看出孩子不喜歡現在的感受。媽媽控制孩子太多了，加上孩子不能很清楚地表達自己，所以會有叛逆的情緒。而且愈壓迫，航航反抗就愈大。」

航航媽媽愣住了，緩了半天才說：「唉，孩子爸爸上班太忙沒時間管孩子，平時就我一個人帶孩子，這孩子太淘氣，我脾氣不好，一急就來硬的，看來是要改改。」

老師說：「叛逆期都會有個過程，家長也別著急，一點一點來，下次孩子無論畫什麼，你都要試著接納，因為孩子是在表達自己的想法。」航航媽媽連忙說：「好好，我鼓勵孩子，謝謝老師了。」

在之後的藝術課上，通過航航用筆的速度，看得出來航航變得有耐心，也比以前專注些了，還主動跟媽媽說自己的想法：「看，我這次創作的是星球，是不是很有趣？」

在自由探索中，發現自己的獨特

藝術讓我們看到孩子的內心世界，孩子通過藝術告訴我們：他們是誰，他們感受到的世界，以及生命中最重要的人是誰。

比如孩子畫「我的家」，每個孩子都畫得不一樣。有的孩子會把媽媽畫得很大；有的孩子會把媽媽畫得很小；有的孩子則是把自己畫得特別特別小，把家人畫得特別特別大；有的孩子會把自己和父母的這個位置畫得很開，其實孩子的每一種表現方式，都能透露出孩子內心對著家庭的感受。

孩子在藝術的世界浸潤，藝術提供給孩子更寬容、更開放、更放鬆的角度去表達，孩子也借著藝術的途徑，認識自己的不同，表達自己的獨特。哲學家羅素曾這樣說：「須知參差多態，乃是幸福的本源。」

曾經有個小男孩畫了一個黑色的太陽，孩子媽媽一看就很生氣：「太陽怎麼會是黑色的呢？你腦子在想什麼！太陽是紅色的，是黃色的，是金色的！」小男孩說：「我用眼睛看太陽，每次都是看到一個黑點，我看到的太陽就是黑色的。」

有細膩的表達，孩子們才是真正地看見世界、感受世界、探索世界。這恰恰是演說的基本功。孩子的觀察能力愈敏銳愈細緻，孩子的語言裡就會帶著畫面，一出口就像一幅畫、一首詩。

沒有接觸過藝術的孩子看到一杯水，可能想到自己是不是想喝水，目光一掃而過。但是接觸過藝術的孩子會感受更多的是細節：比如杯子在盛水時的顏色，杯身上的指印，水面的光澤，以及杯子所投射的半透明的影子等。

我們該如何讓孩子通過感受藝術，來增強表達能力呢？

沒有教條，讓孩子學會表達自己

藝術幫助孩子捕捉住感覺，這種感覺讓孩子想要嘗試表達自己的想法。

孩子剛開始在紙上只是隨意地塗鴉，無目的，無次序，完全處於最初的感知狀態。孩子還不知道自己去控制什麼，想要表達什麼。塗鴉對孩子來說，是一種「跟隨」，跟隨著孩子的衝動、軌跡或情緒，塗鴉是一種快感，它釋放孩子內心能夠表達的幸福。

有時，孩子只是欠缺一種「感覺」

沫沫媽媽從沫沫二十個月開始，就帶她上親子藝術課。沫沫不愛說話，也不愛笑，剛開始上課的時候，老師跟她打招呼，她就往媽媽懷裡躲，課上從來不主動回答問題。

沫沫上課聽得很專注，沫沫媽媽也會不停地跟著老師重複課程的藝術詞彙，就這樣沫沫媽媽帶沫沫上了大半年的藝術課，沫沫的表達，好像從某一天就開始有了變化，她的話也愈來愈多。

有一天，沫沫在家裡拿媽媽的化妝刷在紙上刷來刷去，說是「彩虹」。

有一天，媽媽帶沫沫去喝咖啡，沫沫說「螺旋狀」。

有一天，媽媽帶沫沫逛商場，沫沫看到外面的建築說：「媽媽，這是雕塑。」

有一天，藝術課上沫沫說：「媽媽，妳不要動手，我自己來。」

有一天，沫沫敢在孩子面前分享作品了，說：「今天學習的是三原色。」

沫沫從一個不愛說話的孩子，到後來非常有主見地表達自己的想法，這中間發生了什麼？藝術體驗幫助沫沫捕捉到了感覺，讓她想要表達自己的想法，從而打開了她的內心世界。

對顏色探索很充分的孩子，在描述事物的時候，他表達的色彩感會更細緻、更敏銳、更有畫面感。

所以，我們要讓孩子在塗鴉的初期，反覆體驗色彩帶來的感受。

孩子會想要多一點紅色，再多一點黃色，在不斷的探索顏色中，會發現顏色裡竟然會有無限的可能性。孩子會發現：

一種顏色的乾濕不同，色彩飽和度不同。

同一種顏色，調上不同量的白色，色彩明度不同。

同一種顏色，調上不同量的灰色，色彩亮度不同。

當孩子對色彩探索得多了，慢慢就會形成對色彩的感覺。

「表達」與「存在感」的迴圈

兩歲二個月的一樊剛開始上藝術課的時候，喜歡把顏色都混在一起，不管媽媽怎麼提醒，一樊堅持要把顏色混在一起，用畫筆不停地攪和顏色，有時候紙都給攪爛了。一樊媽媽看到孩子這麼愛混合顏色，也就隨孩子去了。

有一天，一樊不混色了，他在顏色的用筆上有很多獨到的想法。

一樊說：「老師，加一點黃色會更好看。」

一樊說：「老師，這個顏色設計得對稱很好看。」

一樊說：「老師，我設計的是兩個對稱的紅點。」

一樊說：「老師，我想用小一點的畫筆。」

當孩子表達自己的想法時，老師眼裡閃著光地看著她，不住地對孩子的想法表示肯定和讚歎。一樊發現可以自己做決定，也能看到自己的想法變成紙上的效果，這個過程增加了他的自我效能感，不斷激發他創作的熱情和表達的欲望。

當孩子的想法與眾不同，他的表達就會有吸引力，而且會很享受這種表達的樂趣。

在孩子的藝術創作過程中，我們得堅持三不原則——不打擾、不干涉、不替代，才能讓孩子在藝術創作的過程中自由地表達自己，感受藝術帶來的成就感。如果我們干涉得太多，一看孩子畫得不合自己的心意，就要去引導、去替代畫上幾筆，孩子畫畫的興致立馬就會被打斷。

練習工具

FFC藝術回應法則

探索「感覺」與「事實」之間的灰色地帶

這裡分享用FFC法則來回應孩子的藝術表達。不知道大家有沒有這樣的感受，覺得自己沒有經過藝術訓練，不知道怎麼回應孩子的藝術創作過程，只會說：「畫得真好看，畫得真美，畫得真棒。」

如何回應孩子的藝術作品，讓孩子源源不斷地表達呢？接下來就跟大家分享一個FFC法則，它可以鼓勵孩子在藝術裡探索得更多，表達得更多。

FFC法則：

第一個F：描述你的感覺（Feeling）

第二個F：描述你看到的事實（Fact）

第三個C：比較一下（Compare）

這個工具不僅可以鼓勵孩子在藝術領域的探索，還可以用在鼓勵孩子方方面面的發展。不信你來感受一下。

當孩子把他創作的星球給你看的時候，他告訴你說：「媽媽，妳看我這次創作的星球是不是很有趣？」

妳如果回答：「嗯，是很有趣呢。」會顯得很平淡，他也不知道怎麼跟妳聊下去。要怎麼說孩子才能覺得受鼓勵，想去創作更多、表達更多呢？

描述你的感覺 Feeling

描述你看到的事實 Fact

比較一下 Compare

我們使用FFC法則來感受一下：

先用第一個F，描述你的感覺，說：「哇，我很喜歡你這個星球創作，感覺一下子就想去外太空。」

用第二個F描述你的事實，說：「這個星球上還有一個太空飛船，飛船上畫了一個窗戶，窗戶裡面還有一個人，想像力很豐富呢！」

第三個用比較的方式，說：「媽媽小的時候，從來都沒有畫出過這麼有趣的星球探索。你太棒了！」要注意比較是孩子和自己比，或者孩子和父母比，主要是為了烘托出孩子的成就感。

這樣表達之後，孩子會覺得非常受鼓舞，感覺媽媽看見了自己的整個世界，能夠感受他的感受，這樣孩子更願意分享不同，享受表達的樂趣。

在藝術領域浸潤的孩子，思想就像河流，接受積極的、好的、豐富的東西愈多，這些東西會衝擊孩子思想的河床，河流會愈來愈寬，接著就會改變。藝術是風和雨露，是光和養分，而我們只是麥田的守望者，陪伴著孩子，見證孩子通過藝術，從敢於分享到熱愛分享的過程中，活出自己喜歡的樣子。

第4節

音樂：九〇%的父母都錯過了這個演說啟蒙方式

音樂是沒有國界的語言。

——著名指揮大師　小澤征爾

聆聽過豐富音樂的孩子，表達自帶情緒魅力

當當媽媽因為當當寫作文這事很頭疼，當當每次寫作文要寫好久，半天才擠出一句話，而且近期當當學校要求寫現場作文，就更憋不出來了。老師的作文評語也是「當當作文寫得乾巴巴的，缺乏想像力，要培養想像力！」當當媽媽就更著急了。

有一次放學接當當，當當媽媽正在想：實在不行就給當當報個作文班，認為作文班可以提升想像力，就在當當媽媽琢磨來琢磨去的時候，她聽到了老師當著眾多家長，表揚小宇想像力豐富，無論是寫出的作文，還是跟班級同學的溝通上，既有豐富的情感，又能夠延伸很多角度。

當當媽媽趕緊問小宇媽媽是怎麼培養小宇的想像力的，小宇媽媽撲哧一笑：「我還真有獨門

秘笈。」當當媽媽身體下意識地朝小宇媽媽靠了靠：「什麼獨門秘笈？我家孩子被老師說了幾次缺乏想像力，妳是怎麼培養的呢？我也學學。」小宇媽媽說：「我很喜歡聽音樂，就經常給小宇聽各種音樂和歌曲，並且和他互動、想像、溝通，慢慢他對情緒、語言的把控能力就愈來愈好。」

當當媽傻眼了：「用音樂培養孩子的想像力？還真沒聽說過。」小宇媽媽笑了：「妳沒聽過孟德爾松那句名言嗎，『在真正的音樂中，充滿了一千種心靈的感受，比言詞好得多』。」

小宇在音樂的薰陶之下，表達很有新意，身邊的同學都特別喜歡和他聊天。音樂為什麼有這麼大的魔力呢？

撬開神祕的「大腦底層」作業系統

研究顯示：音樂可以強烈地啟動大腦裡「加工情感」相關的邊緣系統，包括加工情緒的杏仁核，以及跟記憶相關的海馬體。也就是說，音樂可以啟動情緒和加深記憶，這對孩子的溝通表達是非常有幫助的。

更神奇的是，音樂中表達的情感是跨文化的，孩子即使不懂語言，也能聽得懂歌裡面的情緒，並能夠跟自己的內心情感經驗結合，有觸動的時候就會有感而發。

音樂是語言的藝術，更是情緒的藝術，而情緒是一個人的「底層作業系統」。孩子學習的很多知識，都是理性的學習，免不了會遇到困難，因此產生想放棄的念頭。但是真正驅動孩子的，是孩子的內在感受、他的情緒，那是他的底層作業系統。

知識的調用需要思考和時間，而情緒卻是一瞬間的體驗。當音樂給孩子帶來豐富的情緒體驗時，孩子才能更深刻地瞭解自己的底層作業系統，借由這種內在動力的驅使，孩子會不斷拓展新的體驗，自然他的表達就會像開了掛一樣。

感受，就是孩子的內在學習動力，在音樂的世界裡徜徉，孩子的情感會既細膩又豐富，既濃烈又自然。

教鋼琴的獅子老師帶著盟盟開始練一首叫《悲歎》的曲子。獅子老師先彈了一次給盟盟聽，曲調是小調，有著淡淡的哀傷。

獅子老師：「彈完了，你感覺如何？」

盟盟：「像郭靖想念黃蓉的感覺。」

獅子老師頭一次聽到這種武俠派的表達，感覺下巴都快掉下來了：「啊？為什麼？」

盟盟：「郭靖找黃蓉找得很辛苦呢。老師，這首曲子的感覺很像他在思念她。」

盟盟喜歡看《射雕英雄傳》，聽到《悲歎》曲調中的哀傷，就聯想到郭靖想念黃蓉也會是這種感覺。

正如哲學家黑格爾所說：「音樂是心情的藝術」，盟盟聽過大量的音樂，對情緒的感受才可以如此細膩，所以她的描述自然讓人過耳難忘。

音樂流過的心靈，舞台魅力無限可能

有一群科學家就研究過這個問題，給被試者連上一些生理感測器，給他們聽一些令人高度愉悅的音樂，通過生理感測器來看他們的反應。

結果就發現：被試者在體會到音樂高潮的時候，他們的皮膚電反應是增加的，心率和呼吸也會變快，但是體溫和脈搏會下降。中科院心理學研究所研究員杜憶在文章裡提到：「在聆聽這種高度愉悅的音樂時，大腦中還會做出很強烈的反應，它會激發聽者的多巴胺獎賞機制。」

多巴胺獎勵得愈多，聽者感受就愈愉悅。如果把大腦比作森林，潛意識就像人們成年累月行走形成的小徑。啟動多巴胺獎賞機制的次數愈多，這條小徑也就愈暢通，這條神經通路也會成為大腦森林優先順序裡，非常靠前的反應道路，會讓人下意識地做出相關行為。

所以，當音樂帶給孩子強烈感受時，孩子就會沉浸音樂裡，想要探索感受背後的故事，未來在某個場景某個時刻，孩子的感受被觸發時，他的語言就會像山泉一樣汩汩地向外冒。「情緒記憶」是經過體驗的情緒和情感的記憶，即使經過漫長的時光之後，也會長期保留在人的記憶中，等待被激發時刻的到來。

帶有「情緒背景」的演說，最能引起共鳴

孩子年紀愈小，就愈像海綿一樣全盤吸收。詩人惠特曼曾說：「有一個孩子每天向前走去，

孩子最初看見的東西，孩子就變成那東西，那東西就變成了孩子的一部分。」

如果孩子從小聽大量的音樂，音樂帶來的情緒記憶，就會一直激蕩在孩子心中，比如莫札特的《第十號C大調鋼琴鳴奏曲，K.330》的樂觀振奮，貝多芬的《第七號D大調鋼琴鳴奏曲》的悲傷張力，舒伯特的《降B大調鋼琴鳴奏曲，D.960》的溫柔拂面等等，等孩子長大再聽到這些曲子的時候，那些深深淺淺音樂中的情緒，會觸發孩子更多的回憶，讓孩子的表達更加詩意盎然。

有過豐富情緒體驗的孩子在表達時，會讓感情自然流淌，當孩子描述河水的時候，他的腦海中就會浮現小約翰．施特勞斯的《藍色多瑙河》的旋律，從寧靜平穩到軒然大波、浪花四濺，孩子的語言和情緒就會自然地結合在一起，有節奏和情感地做出描述，這樣的描述像畫面、像詩歌，會不斷撩撥觀眾的情緒，這才是感受過美好音樂的孩子表達的真正魅力。

更為寶貴的是，那些音樂曾經撫慰過孩子的心靈。而人性進化得很慢很慢，無論孩子向前走多遠，那些久遠的音符，還會帶孩子走過生命的坎坷和艱難，賦予孩子重新向前的力量。

三個錦囊，讓孩子的演說穿透人心，更具渲染力

問題來了，我們如何借由音樂，引導孩子更豐富地表達呢？我們介紹三個錦囊：

錦囊一：感受「經典音樂」的魅力

待孩子慢慢長大後，他會對感觸深刻的音樂進行探究，為什麼這首曲子會這樣觸動他？曲子在表達著什麼？作曲家為什麼能創作這麼好的作品，他們都有著怎樣的經歷？

當孩子一層層深入後，發現原來所有不同的曲子背後的文化博大精深，這樣的探索為孩子的表達積累了素材，開闊了視野。哪些音樂會讓孩子印象更深刻呢？答案是「經典音樂」。

經典音樂之所以稱為經典，是因為它經過千錘百煉，有旺盛的生命力，千百年過去，物是人非，而經典音樂卻能夠流傳千古。

說起經典音樂，很多爸爸媽媽會選擇給孩子聽莫札特的音樂，這是因為他們瞭解「莫札特效應」。一九九三年的一項實驗，給一群大學生聽莫札特的K448《D大調雙鋼琴奏鳴曲》，結果發現他們在認知測試考試中取得了更好的成績。於是很多爸爸媽媽在給孩子選擇古典音樂的時候，會優先選擇莫札特。為什麼莫札特如此神奇呢？

因為莫札特的曲子渾然天成，旋律流暢，聽上去心情很愉悅，能最大化地激發孩子的快樂情緒，而這種情緒更有利於認知和解決問題，因為孩子在感受好的時候才會做得更好。當孩子聽到莫札特的樂曲時，就很自然地看見生命中的光亮。

著名鋼琴家郎朗，在童年有一段時間的鋼琴彈奏水準進步緩慢，慢到他的鋼琴老師都忍受不了，將他趕出去，說：「你不是學鋼琴的料」。郎朗很受打擊，對自己失去了信心，也中斷了練琴，不再去指揮學校的合唱團。

有一天，學校的音樂老師問起，郎朗說：「我的鋼琴老師覺得我沒有天分，不需要再學了。」音樂老師拿起莫札特第十號鋼琴鳴奏曲的樂譜，跟郎朗說：「去彈慢板樂章給同學聽。」

就是這首莫札特的樂曲，讓郎朗沉醉其中，確認了自己的內心是熱愛音樂的，於是他聽從內心的聲音，重新拾回了對音樂的興趣，才有後來在音樂上的成就。當孩子的思考逐漸深入的時候，會發現樂曲背後的故事一環套一環，這些故事帶著孩子去感受樂曲背後的作家生平、時代背景、時代特色等等，像是一隻繽紛起舞的蝴蝶，不斷帶領孩子飛入新的世界。而當孩子在和別人分享的時候，就可以旁徵博引地帶出一個個知識點，在溝通中縱橫捭闔，表達得暢快淋漓。

錦囊二：沐浴「多元化」的音樂感知

著名指揮大師小澤征爾曾說：「音樂是沒有國界的語言」，為了豐富孩子的表達體驗，我們要讓孩子在不同國家的音樂文化中，自由表達自己的感受。

可以是古典音樂，讓孩子多聽不同音樂大師的作品，比如莫札特、蕭邦、舒伯特的作品；或者給孩子聽有異域風情的非洲音樂、拉丁美洲音樂；又或者是不同音樂風格的爵士樂、進行曲、搖籃曲等等。聆聽過多元音樂的孩子，會在不同場景中體會出不同的感受，聽得多了，孩子表達的內容自然會更豐滿。

比如肯亞音樂 Jambo Bwana（〈先生你好〉）的節奏熱情奔放，粗放的男生一唱一和，配上鮮明的節拍，一會兒奔放、一會兒慵懶的感覺，讓孩子彷彿能看到草原上長頸鹿打架、狒狒捉蝨子、大象漫步、獅子奔跑的樣子，很多孩子聽到這首歌，都會情不自禁地跟著節奏擺動。

再比如拉丁音樂 la mariposa（〈蝴蝶〉），在玻利維亞，每年二月的狂歡節，人們都會跳這個叫 Morenada 的傳統舞蹈，每個人都會像蝴蝶一樣翩翩起舞。這首歌最有特色的是三拍的節奏及旋律上清脆的「拍—拍—拍」，重複多次，會讓孩子期待每次三拍的節奏，孩子一聽到三拍的節奏，就特別激動地拍拍拍。

一旦拍對了節奏，就會看到孩子臉上特別有成就感的神情。這些多元化的音樂傳遞給孩子難以言喻的體驗，而正是這種難以言喻，讓孩子發自內心地想要表達，音樂就是這樣有魔力的載體，讓孩子在豐富的感受中自在地表達自己。

可以在網上查找 Putumayo World Music 公司的音樂專輯，比如《African Playground》、《Caribbean Playground》、《Latin Reggae》等上百種不同主題的專輯，Putumayo 公司用音樂呈現不同國家的文化，創造出 Putumayo 式的歡樂節奏，非常適合孩子在音樂中用豐富的身體語言展現自己，甚至模仿裡面的語言。

很多年前，當我還是教育培訓機構的校長時，有一次到音樂課堂聽課。那時老師播放的是夏威夷音樂的 Toad Song（〈青蛙之歌〉），音樂剛一開始，孩子們聽得就很入神，一臉專注。因為音樂開始的部分，很多青蛙的聲音此起彼伏，就像夏天炎熱的傍晚，整個池塘的青蛙在歡快地亂叫，加上中低音的男聲不斷重複單字「oma oma」，簡直是魔音灌耳。

孩子們可喜歡了，聽了一遍後，有的孩子就可以跟著一起唱「oma oma」，有的孩子學青蛙直接跳起來，得意地發出青蛙的聲音「oma oma」，更逗的是有的孩子回家後跟奶奶說：「青蛙不是呱呱叫，而是oma oma。」奶奶迷惑了：「為什麼呢？」孩子說：「老師教的」，媽媽在一邊趕緊說：「上課放了首青蛙的歌，裡面青蛙的聲音是這樣的。」

孩子聽到媽媽這樣說，現場就演了起來，邊學青蛙跳，邊oma oma地亂叫，奶奶看得也樂壞了：「這音樂課還教孩子青蛙叫啊！」

看，像這樣多元化的音樂，就會傳遞給孩子不同的感受和情緒，有正面的自然也會有負面的，家長不是要讓孩子控制情緒，而是讓孩子有能力在經歷歡樂、難過、焦慮各種情緒後，依然能夠痛快地做自己，真實熱烈地表達自己內心的感受和想法。

錦囊三：從「抽象感受」轉化為「具體語言」的形象

有的孩子在聽〈金蛇狂舞〉時，想到「過年了，在放鞭炮」；有的孩子在聽〈十面埋伏〉時，想到了「老虎在叫」；有的孩子聽完〈野蜂飛舞〉後，想到了「媽媽，她在工作，很忙，忙到都沒法吃飯」。

《幼稚園教師音樂技能》中提到：「樂曲的音響在速度、強度、起伏、變化、連續等方面都具有運動的性質。」我們可以看出，孩子想到的很多形象都具有運動型結構，比如「叫的老虎」，「忙的媽媽」，「在放的鞭炮」，這與音樂中富有運動感的結構是有相似性的。所以孩子在感受不同風格的音樂作品時，經常會想到某種人或動物的動作行為。

我們和孩子一起聆聽音樂、享受音樂、表達音樂，孩子也會潛移默化地愛在音樂中表達自己的想法和體會。當孩子回憶起這段家庭的音樂時光，歌曲的內容可能記不清了，但是這樣歡樂的情緒記憶會給孩子溫暖，是他內心表達最堅實的力量。

練習工具

心靈樂器演奏會

跟隨音樂感受「意識」與「身體」的美妙共舞

演奏樂器，可以讓孩子感受情緒的藝術。在家裡，我們可以怎麼和孩子互動起來呢？

第一步：讓孩子用動作或樂器來演繹，感受身體語言的魅力

先說說兒歌。在選擇兒歌的時候有一些小技巧，找一些有著重複旋律、穩定節拍、簡單歌詞、對稱結構的歌曲，孩子比較容易模仿和表達。

兒歌類，我們這樣引導：

給孩子唱〈小星星〉，前兩句「一閃一閃亮晶晶，滿天都是小星星」與後兩句的旋律和歌詞是一樣的，我們在前後兩部分做相同的手指打開合上動作，比畫「星星」，在中間兩句做揮手的動作。

這樣既能讓孩子認真觀察我們的動作，一邊聆聽歌曲，也能幫助孩子理解歌曲的ABA結構。ABA結構就是首尾一致、中間不同的結構。

在以後聽到類似結構的歌曲時，孩子會有熟悉的感覺，進而做出與結構相應的動作來表達。

在相同部分的歌詞和旋律做相同的動作，幫助孩子找到熟悉的感覺，慢慢地，孩子就想唱歌詞。

為了豐富孩子肢體語言的表達，我們還可以加入樂器。非洲音樂和加勒比音樂裡，打擊樂器應用得很廣泛，尤其是各種鼓的聲音顯得豪放又熱情，我們可以買個小鼓或是沙錘，在家裡帶孩子一起跟著音樂打出固定節拍。固定節拍容易讓孩子找到節奏，當孩子能夠感受到節奏時，表達的欲望會更強烈。

第二步：讓孩子學會用語言對應場景，準確表達需求

在與孩子相處的日常場景中，可以買腕鈴，繫在手腕上，找到合適的場景時，就可以又演又唱又搖鈴，豐富語言和肢體的表達。

- **接納（Accpet）：找到孩子的需要，讓孩子想要表達**

早上起床時、刷牙洗臉時、上幼稚園的路上、乘車時、洗手時、睡覺前等等，看看哪個環節孩子最感興趣，在不同的環節，邊搖腕鈴邊和孩子唱不同的歌曲。比如孩子喜歡洗手，我們就可以和孩子一起唱洗手的歌曲。

- **傾聽（Listen）：愈會傾聽和理解，孩子愈能表達準確**

先聽聽孩子在洗手的時候經常說什麼，重複孩子的關鍵字。比如，孩子：「媽媽，妳看我的肥皂泡泡。」我們可以重複孩子的關鍵字：「是啊，好多的肥皂泡泡。」「重複」是非常有魔力

的方式，會讓孩子有想要繼續往下說的欲望。

● 鼓勵（Encourage）：找對角度，孩子就會愈說愈愛說

用提問延伸孩子的應用場景，及時鼓勵：「我們還有哪些地方會用到泡泡呢？」孩子：「還有洗澡的時候。」繼續延伸場景：「是的，你想到了洗澡，真好。再想想，爸爸媽媽什麼時候用到泡泡？」孩子：「還有爸爸刮鬍子的時候，也有好多泡泡。」我們及時鼓勵：「媽媽都沒想到呢，你觀察真仔細。」及時鼓勵孩子的想法，會讓孩子積極思考、踴躍表達。

● 學習（Learn）：體驗各種可能，點燃孩子內心表達的火焰

用腕鈴和孩子一起唱〈洗手歌〉：

排好隊，向前走，
做什麼？去洗手。
小肥皂，抹抹手；
自來水，沖沖手；
小毛巾，擦擦手。
小手洗得真乾淨，
我們大家拍拍手。

用這首歌代替你說：「寶貝洗手要洗乾淨，手心洗一洗。」歌曲要比語言更容易被孩子接受，因為歌曲以整體情境的方式進行語言輸入，而並非單個物體名稱的辨認。

當歌曲「整體輸入」以後，孩子開始將「意義」與「聲音」連結，歌曲中的旋律也有助於孩子對語言的記憶。甚至連孩子最不愛收拾玩具的環節，你都可以這樣來引導，比如要求孩子收拾玩具時，你揮揮手唱〈byebye toys〉，在熟悉的樂曲裡，比大人直接的催促，孩子的抵觸感明顯變弱，會一邊收玩具一邊說：「byebye」。

孩子聽著聽著就想要模仿，既能積累詞彙，又可以準確表達。如果場景歌曲體驗得多了，就不是單純的模仿，而是會有自己的想法在裡面。當孩子隨心而舞，能夠自在地表達他對音樂的感受時，人生的大舞臺，就會等著孩子演繹更多的精采！

致謝

盼那一天，我們欣慰舉目
看孩子自信高飛，發光發熱

這一路走來最想感謝的是我的父親。無論在什麼時候，父親的接納是我內心最堅實的力量，無論寫書還是創業，他總是鼓勵我：「妳不要跟別人比，妳就跟自己比」，這句簡簡單單的話，讓我勇敢向前。

感謝我的先生，他是我寫作生涯的引路人，當他發現我喜歡閱讀的時候，就鼓勵我在簡書創作。有時候我發表微信公眾號的文章時，他就默默在下面打賞，雖然話語不多，但這些支持的力量，就像滿天的星辰，一抬頭，就會看見很多閃爍的光。

感謝我的孩子。從懷孕那一天開始，三年以來，我每年閱讀超過一百本書籍，因為他的存在，讓我有著滿滿的動力。很多時候我們因為孩子做了什麼而感謝，還有一種感謝是基於存在，即使孩子什麼都不做，但是他在這裡，本身就是一種價值。感謝他，讓我成為更好的自己。

感謝秋葉大叔，我本來以為我寫書可能要在三年或者是五年之後，但是秋葉大叔告訴我，他看到了我在語言敏感期上的研究，相信我一定能寫好。在他的鼓勵下，我才邁出了這一步。在寫書的過程當中，大叔給我改稿，給出很多寫作的角度和思路，拓寬了我的眼界，讓我的寫作技能

也不斷精進。真正的牛人，是讓他身邊的人變得很牛。

感謝我的老師許晉杭，寫作是一場人生的修行，在我邊創業、邊照顧孩子、邊寫書的情況下，在我第一稿、第二稿、第三稿被推翻的情況下，我歇了有大半年沒有動筆，失去信心看不到未來的方向，是晉杭老師從他的城市飛到了合肥來鼓勵我，告訴我：「二〇二〇年，妳最重要的任務就是把書寫出來」，老師的一句話，讓我滿血復活，幫助我將不可能變為可能，就像老師說的那樣「永遠相信美好的事情即將發生」。

本書也寫了很多媽媽的故事，還有案例是來自我曾經的學員家長，他們對孩子的愛也一直深深激勵著我。

感恩身邊這些溫暖的力量。

希望這本書能夠持續幫助孩子們，在演說力上有更多的體驗，也希望大家在運用的同時能提出建議，一起致力於幫助我們的孩子提升演說力，讓孩子的演說力為未來賦能。

教養方舟 0003

孩子一學就會的黃金口才課

作者　吳瓊
書封設計　耶麗米工作室
內頁設計　蔚藍鯨
特約主編　唐芩
資深編輯　宋方儀
行銷經理　王思婕
總編輯　林淑雯

讀書共和國出版集團

社長　郭重興
發行人暨出版總監　曾大福
業務平臺總經理　李雪麗
業務平臺副總經理　李復民
業務部專案企劃組經理　蔡孟庭
業務部專案企劃組專員　盤惟心
實體通路協理　林詩富
實體通路經理　陳志峰
網路暨海外通路協理　張鑫峰
特販通路協理　陳綺瑩
印務　江域平、黃禮賢、李孟儒、林文義

出版者　方舟文化／遠足文化事業股份有限公司
發行　遠足文化事業股份有限公司
231 新北市新店區民權路 108-2 號 9 樓
電話：(02)2218-1417　傳真：(02)8667-1851
劃撥帳號：19504465　戶名：遠足文化事業股份有限公司
客服專線　0800-221-029
E-MAIL　service@bookrep.com.tw
網站　www.bookrep.com.tw
印製　通南彩印股份有限公司
電話　（02）2221-3532
法律顧問　華洋法律事務所 蘇文生律師
定價　360 元
初版一刷　2021 年 9 月

國家圖書館出版品預行編目（CIP）資料

孩子一學就會的黃金口才課/吳瓊著. -- 初版. -- 新北市：方舟文化出版：遠足文化事業股份有限公司發行, 2021.06

面；　公分. -- (教養方舟)

ISBN 978-986-06425-7-5(平裝)

1.演說術 2.初等教育

523.316　　110007132

方舟文化官方網站　方舟文化讀者回函